言語的力量比你想像

U0537973

別急著說出口！

THE POWER OF WORDS

季霓 著

辨識情緒×解構語言×重建關係……

別再被情緒牽著說話，一句話，就可能悄悄改變你的人生軌跡

◎你以為你在溝通，其實你只是在反應情緒
◎發言不是表現自己，而是看見彼此的過程
◎學會好好說話，很多關係就能夠重新開始

讓人願意聆聽的語言不是技巧，而是情感

讓你的每一句話都成為關係的療癒力量

目錄

目錄

前言

你有沒有過這樣的經驗 —— 一句話沒說對，原本和諧的氣氛瞬間冷場；一個措辭沒拿捏好，原本穩定的合作突然破局。反過來，也許你曾經因為一句簡單卻剛剛好的回應，贏得了信任、化解了尷尬，甚至改變了一段關係的走向。

說話，不只是溝通的工具，它是一個人被世界理解與接受的橋梁。你怎麼說，決定了別人怎麼看你，也決定了你會走向哪一種人生。

在這個資訊飽和、溝通變得即時而快速的時代，語言的價值從未如此鮮明。職場裡，會說話的人升遷更快、領導更有效；社群裡，說得精彩的人聚焦眾人目光、創造影響力；甚至在親密關係中，能把情緒說清楚、把需求說得讓人願意傾聽的人，更能建立深刻的連結。

但問題是，說話從來不是與生俱來的本能。大多數人都在無意識地重複著不合時宜的語言習慣：害怕衝突、過度解釋、說得太重或太輕、講了很多卻沒講重點。而語言這件事，若沒有人教，就很容易誤以為自己早就會了。

本書之所以誕生，正是希望補上這項現代人普遍缺乏卻極其關鍵的能力訓練：說話的藝術。不是演講、不是口才訓練，而是你在每一次互動中，如何選擇語言、拿捏情境、理解自己、也理解他人。因為我們終將會發現，說得好的人，不只是字正腔圓或伶牙俐齒，而是能夠把「自己是誰、想要什麼」表達得剛剛好的人。

在這本書中，我不會要你記下一堆話術句型，而是邀請你用全新的角度，看見說話背後的心理動力與互動邏輯。從一句話的語氣開始，到整場對話的節奏與安排，我們會一起練習怎麼讓語言變得更有力量，也更有溫度。

全書共分為八章，從不同面向帶你掌握語言的影響力：

- 第一章揭示語言如何改變人生軌跡，並拆解影響力的心理機制；
- 第二章引導你重建語言自信，克服說話的恐懼與羞怯；
- 第三章深入解析措辭與邏輯的藝術，幫助你說得清楚又說得動人；
- 第四章探索聲音與語氣背後的說服力密碼；
- 第五章帶你學會如何在不同場景中靈活轉換語言策略；
- 第六章則聚焦在信任與好感的語言建構；

- 第七章提醒你避開那些一開口就讓人疏遠的說話陷阱；
- 第八章談說話的修養與語言的深度美感。

這本書適合每一個想把「話」說得更好的人。不論你是剛進職場的新鮮人、在溝通中屢屢碰壁的主管、還是習慣壓抑內心想法的關係建立者，語言從來不分身分，它只等待你開始練習與精進。

願我們從這一刻起，不只是說話，而是說出更清楚的自己、更溫暖的情感，也更有力量的存在。

前言

第一章

你說話的方式決定你的人生

在這個資訊不斷翻湧的時代，說話不再只是溝通，更是一種「展現存在感」的方式。你選擇怎麼說話，會在無形中形塑他人對你的看法，也會為你在社會中劃出影響的半徑。有人靠一句話讓陌生人成為盟友，有人卻因一句話斷送一段合作；有人因沉默失去了舞臺，有人卻在簡短發言中建立信賴。語言不是中性的，它會被情境放大、被記憶放大，最後成為你「是誰」的一部分。

一場求職面試中，一位資歷普通的應徵者在回答「你最大的優點是什麼」時說：「我學得比別人慢，但我通常是團隊裡最有耐心的一個，也最不怕問問題。」這句話沒有吹捧，卻呈現出強烈的自覺與合作價值，讓面試官在數十人中留下深刻印象。另一位面試者則用一連串空泛詞彙描述自己「積極、熱情、努力」，最後沒有人記得他說過什麼。這不是表達能力的高低，而是語言選擇的思維高度不同。

你怎麼說話，其實就是你怎麼思考、怎麼定位自己。很多人以為語言是後天補足的技巧，卻忽略它其實早已滲透在我們的認知與信念裡。那些能在關鍵時刻說出關鍵之語的人，往往不是話多的人，而是話「準」的人。他們知道該何時開口、怎麼開口，甚至知道什麼時候「不說」，才更有力。

曾有一場校園演講，主題是「面對未來的不確定」。大多數講者列舉成功經驗或引用數據，但其中一位講者只講了一句：「你不比別人快，你只需要每次都能說服自己，再走一步就好。」全場靜了一下，接著是掌聲雷動。這種語言的穿透力，不來自修辭的堆砌，而是源自真誠、聚焦且具有共感力的選語方式。

你說的每一句話，都是在為未來的自己鋪路。說話，是你對世界下的命令，而語言的力量，決定這個世界是否會為你讓路。不懂得掌握語言的人，即使能力再強，也可能無法被看見；而能善用語言的人，即使資源不多，也往往能走得更遠。

在這樣的背景下，我們必須重新審視「說話」的價值。它從不是一門表面功夫，而是人生方向盤的一部分。你怎麼說話，別人就怎麼接住你；你怎麼形容自己，世界就怎麼回應你。語言不只是傳遞訊息，更是在形塑你在這個世界中的角色、可能性與邊界。

當你真正意識到語言的影響力，你就會明白：說得好，不只能說服他人，更能穩住自己。而這正是你人生能走多遠的起點。

1. 會說話的人，不只是嘴巴厲害

在日常對話中，我們常將「他很會說話」掛在嘴邊，但說到底，什麼樣的人才算真正會說話？是字正腔圓？是詞句華麗？還是能在每一場會議中搶得話語權？其實，都不是。

真正會說話的人，往往具備三項隱性能力：**心理精準度、人際敏銳度，以及社會直覺**。這些能力使他們在說話之前就能預判對方的反應，在對話中精準拿捏語氣，在對話之後留下餘韻與影響力。

會說話的人，其實不是靠嘴，而是靠一整套細緻的感知系統。

一位擅長協調的中階主管，在跨部門會議上總是能一句話化解僵局。他不是因為說得多，而是因為說得剛剛好。他懂得觀察氣氛，知道什麼時候應該補充資料、什麼時候應該轉化語氣，甚至懂得用一句玩笑或一個提問，讓緊張氣氛瞬間鬆動。他的說話方式之所以有效，並非技巧使然，而是他早已深知不同角色的心理位置與對話目標。

從心理學角度來看，語言是一種認同的投射。每次你開口，其實都在表達一種「我想要成為誰」的訊號。那些說話能引起共鳴的人，不是話多，而是話有準星。他們知道自己的角色、理解對方的需求，也精確調整語言位置，創造安全、對等、而有效的互動。

而在人際層面，語言就是地位的展示場。一項社會語言學研究指出，人們會根據語氣、詞彙選擇與語速，來判斷對方的自信程度與社會階層。例如，講話過度解釋、句尾常有疑問語氣的人，容易被視為地位較低、立場不穩；而語言清楚、斷句有力、語速適中者，則更容易被歸類為有主導力與可信度高的對象。

這些差異在辦公室裡、創業簡報上，甚至親密關係中，都會產生具體後果。語言的形式，會逐漸成為你在群體中的「人格符號」，進而影響人際互動的節奏與格局。

會說話的人，其實有這 3 種隱性能力

1. **心理感知力**：能在說話前預估對方心理狀態與情緒敏感點，避免踩雷。

2. **人際調節力**：理解對話場中的權力流動與情緒溫度，知道何時該進、何時該退。

3. **語言風格控制力**：根據情境快速切換語氣、詞彙與節奏，讓語言符合現場規格。

這些能力看似抽象，但其實都可透過訓練養成。一位在非

營利組織任職的社工分享過他的經驗：當初初入職時，他習慣用說理的方式與受助者對話，講得頭頭是道，卻換來一臉冷漠。後來他慢慢學會先傾聽、再反應，並放慢語速、用較多非語言回應，受助者的信任才慢慢建立起來。他說：「我才知道，會說話不是把話說清楚，而是說進別人心裡。」

當你開始從心理、人際、社會三個維度來看語言，你會發現：「說話」其實是你在群體中的一種存在方式。真正有影響力的人，不靠話術，而是靠理解。

2. 說得動人，還要說得剛剛好

說話，不只是「有說出口」，更重要的是說得精準，說得剛好。精準，指的是你所說的話能擊中對方的理解方式與心理期待；剛好，則是語氣、語速、語境之間的恰到好處。很多人以為說得動人是情感豐富、語氣煽情，其實不然。真正有影響力的語言，是能在適當時機，用對的方式，說出對的話。

在一次職場培訓中，有主管希望鼓勵下屬：「你們做得不錯，但還可以再努力一點。」這樣的話語乍聽合理，卻讓員工感到失落與懷疑，彷彿「不夠好」才是重點。但當他改說：「你們的努力讓成果明顯提升，接下來我們一起看看還有哪裡能再進一步突破。」同樣的意思，卻因語氣與句構不同而轉化出截然不同的心理效果。這就是語言精準度的差別。

語言的力量從不在於華麗或多話，而在於一種「貼合」。貼合對方的思考邏輯、語感節奏與情緒狀態。當我們說話過於籠統、模糊或自我中心，就容易造成溝通失效，甚至產生誤解。

常見的語言失誤與無效表達類型

錯誤類型	說話方式	可能後果
情緒轉移式	「我也很忙，你就不能忍一下嗎？」	讓對方感到情緒被忽略，對話轉為防衛
假性關心式	「我這麼說還不是為你好！」	傷害對方主體感，引發反感
評價先行式	「你怎麼總是這樣想不開？」	抹煞對方感受，缺乏同理基礎
模糊責任式	「可能我們都有問題吧……」	模糊焦點，無助於解決問題

這些語言模式看似習慣性用語，卻經常是對話破裂的起點。語言會建構關係的走向，一句不恰當的話可能讓對話停滯、合作中斷，甚至讓人情感受傷。

說得「剛剛好」的語言，不是壓抑或說客套話，而是經過調整、帶有意圖的真誠表達。例如，面對一位頻繁遲到的同事，你可以說：「我知道最近你的事情很多，但我們的時間安排也很緊湊，你方便一起找個方式來協調嗎？」這樣既點出問題，也保留對話空間，不會讓對方感到攻擊或羞辱。

說得動人，也意味著說得有「共感」。共感不是迎合，而是站在對方立場思考，然後回到自己的位置上說話。這是一種語言上的「往返移動」：我理解你，所以我調整我的表達，但我仍然保有我自己。

練習語言精準與共感的三個步驟

1. 先感知，再表達

在回應前先做一句「心裡小翻譯」：他現在在乎的是什麼？他需要的是理解還是建議？

2. 先對話，再立場

拒絕不是一開始就「不同意」，而是先建立對話空間，再慢慢說出自己的觀點與界線。

3. 先對內，再對外

先問自己這句話「說出去的目的」是什麼？是宣洩、證明、還是連結？清楚目的才會清楚語氣。

一段無效的對話，往往不是因為雙方無話可說，而是因為話說得不準、不對、不近人心。當你開始有意地精準措辭，你就會發現自己的語言影響力正在擴張。人際關係變得順暢、溝通效率提升，甚至自我定位也更為明晰。

說話的藝術，從來不在於多說，而是說得準、說得深、說得進。那才是真正能打動人心，也能改變局勢的說話能力。

3. 成功的背後，常常是一句話的力道

有些人說話的方式，讓你聽過一次便難以忘記；也有些人，即使講得頭頭是道，卻讓人轉身就忘。差異不在內容的多寡，而在語言風格的獨特性與辨識度。每個成功者背後，幾乎都藏著一種「一開口就讓人想聽下去」的能力，而那份吸引力，往往就是從一句話開始累積。

說話風格，並非浮於表面的語調或用詞，而是一種長期養成的個人表達氣場。它結合了語言節奏、邏輯排序、措辭選擇與情緒投射，是個人特質的語言化延伸。就像視覺品牌有色彩、標誌與排版風格，說話的風格同樣能成為個人品牌的核心構件。

舉例來說，現任紐西蘭總理克里斯．希金斯（Chris Hipkins）在擔任防疫部長期間，說話簡短、結構明確，以簡潔

實事求是的發言風格獲得媒體肯定，曾被形容為「務實且清晰」，成功建立起理性可信的政治形象。

另一個對比是設計師與企業家維吉爾·阿布洛（Virgil Abloh），他在時尚演講中經常以極具跳躍性的語言、創造性比喻與非正規語句帶動觀眾思考。他說：「設計就是給習以為常的事一點想像力的偏差。」這句話不僅令人印象深刻，也反映出他品牌風格的核心特質：反常規、具衝突性但仍有邏輯性。

此外，前《哈佛商業評論》（*Harvard Business Review*）總編輯阿迪·伊格納修斯（Adi Ignatius）也曾指出，領導者的語言風格會影響他人對其態度與對話方式，語言本身就是一種象徵性資產。當一位領導者展現出簡潔、誠懇、具願景的說話風格時，團隊也會逐漸對齊同樣的語言基調，進而形塑組織文化。

常見的語言風格與影響力分類對照表

語言風格類型	特徵描述	常見領域	代表人物風格	潛在優勢
冷靜分析型	條理清楚、步步推演、用詞中性	公共政策、法律、財經	克里斯·希普金斯	增強可信度與穩定印象

語言風格類型	特徵描述	常見領域	代表人物風格	潛在優勢
感性共鳴型	語氣溫暖、詞句重情、善用故事	輔導、社工、人際培訓	歐普拉．溫芙蕾（Oprah Winfrey）、布芮尼．布朗（Brené Brown）	創造親密感與情感連結
創意衝撞型	比喻大膽、語言非線性、跳躍性高	設計、創意簡報、創投	維吉爾．阿布洛、伊隆．馬斯克（Elon Musk）	引發驚喜與非典型思考
戰略簡約型	訊息濃縮、句型簡練、重複關鍵語	領導演說、行銷廣告	史蒂芬．柯維（Stephen Covey）	便於傳播與記憶

真正讓人記住你的，不是你說過多少話，而是你說過哪一句話讓人改變了看法、願意行動，或重新認識你。說話的風格不只是個性延伸，它也影響別人願不願意跟你合作、跟隨、或信任。

有一次演講培訓課上，一位中層主管提出問題：「我總是被說講話沒亮點，但我不是外向型的人，那要怎麼練出自己的語言風格？」講師的回應耐人尋味：「風格不是模仿出來的，而是提煉出來的。你必須回頭看：你在哪些時候講話最順、最自在？那就是你語言風格的原礦。」

這句話說明了一個關鍵概念：說話風格的培養，不是技術訓練，而是了解自己、信任自己表達方式的過程。一旦你找到屬於自己的語言節奏與說話重心，你就開始建立起一個讓人辨識、記住、甚至模仿的語言品牌。

如何建立你的語言風格？三個起點參考：

1. 記錄你最自在的對話情境

你什麼時候說話最順？什麼話題讓你最自然？那就是你的語言起點。

2. 觀察別人對你說話的反應

別人什麼時候會因你的話笑了、點頭了、安靜了？這些反應能揭示你的語言強項。

3. 選擇你想要被記住的語氣

你希望被記住是冷靜的、鼓舞的、犀利的，還是溫柔堅定的？讓語言風格服務這個目標。

說話，不只是表達內容，更是建立記憶。真正的語言高手，不靠話術，而是靠風格。當你找到那句「屬於你」的語言聲線，你就不再只是說話者，而是成為一個讓人聽得懂、願意跟、而且記得住的人。

4. 說話，是你打造世界的方式

人類是透過語言創造現實的動物。你怎麼說話，決定了你與他人的關係界線，也塑造了你在世界裡的位置與形象。語言不只是交換資訊的工具，更是一種持續在「打造你所處的世界」的行動。從職場到家庭、從社群媒體到公開演講，你的語言選擇正在無聲地定義你的社會角色與認知框架。

在一次社會學研究中，研究者讓兩組人描述一場同樣的車禍。一組被要求描述「兩車相撞」，另一組則被要求說明「兩車擦撞」。結果發現，第一組的敘述普遍較為劇烈，且更傾向將責任歸咎於某一方。這說明了：即使事實相同，不同的語言選擇也會形塑對事件的感知與後續反應。語言會決定我們如何「解讀」這個世界，而這個解讀會進一步決定我們的行為與態度。

語言影響你的三個「社會位置」

1. 關係中的角色定位

你是主導者還是跟隨者？你常說「我建議」還是「我不知道耶」？這些用語細節長期下來會形塑他人對你可靠度與主動性的評價。

2. 群體中的情緒溫度

有人一開口就能讓場面凝結，有人則讓空氣鬆動。語氣與詞彙選擇決定了你在群體中是製造張力還是協調氣氛的人。

3. 社群中的敘事位置

在社群平臺上，你是用敘事型語言分享觀點，還是用標籤式語言製造歸類？是訴諸經驗，還是訴諸對立？這會影響他人對你價值觀的判讀。

語言行為的轉變，最顯著的例子或許來自社群世代。過去，我們透過書信、電話或面對面表達，但在今日，語言已經變成一種公開的「社群動作」。一則貼文的語氣，能決定它會被點讚還是引起爭議；一則回應的語調，可能讓一段關係更近，也可能讓你瞬間成為眾矢之的。

舉例來說，許多年輕創作者在介紹自己時，不再使用「我是一位插畫家」，而是說「我畫生活裡那些沒人說出口的情緒」。前者陳述身分，後者則用語言創造一種情感連結與敘事位置。這種語言風格上的轉向，也是一種自我定位的策略——讓語言不只是表達，更是讓人靠近你、理解你、甚至願意跟隨你的起點。

語言同時也是一種「心理建構工具」。當你經常使用開放式語言（例如「我想聽聽你的看法」、「或許我們可以試試看……」)，你不只是創造更多選項，也同時培養了一種彈性心智。而若你經常使用封閉語言（例如「反正你一定不會懂」、「這件事沒救了」)，你會逐漸困在自己的信念裡，看不到其他可能性。

練習語言自覺的兩個方式

1. 觀察自己說話的「空間性」

問問自己：我說這句話，是在關起門來，還是在打開窗？是讓人靠近，還是讓人退後？

2. 設計你的語言場域

思考你想打造什麼樣的世界——更溫柔的、更理性的、更行動導向的？那你就要開始說這種語言，並持續讓它成為你的語言重心。

說話，永遠不只是為了讓別人理解你而已，而是在持續建立你所要的關係樣貌與社會位置。你說出口的每一句話，都像是一磚一瓦，正在為你打造出一個專屬於你的現實場域。

如果你總覺得自己被忽略、被誤解，或在社群中總是沒人理你，那麼與其懷疑別人是否冷漠，不如先問問：我用什麼語言，邀請世界來接近我？

因為語言，不只是表達，更是你打造世界的方式。

5. 重新審視你用來打造人生的這把工具

我們從小就學會說話，但卻很少真正學會「如何使用語言」。它看似是人人都擁有的能力，實則是我們與這個世界互動的最核心工具。語言，不只是用來表達想法，更是我們打造人生樣貌的施工器具。

從第一句話的選擇開始，我們就在形塑關係的開端。在職場中，一句話能建立權威，也能拉近信任；在情感中，一句話可能是擁抱，也可能是推開。你如何說話，決定了別人如何看你，也決定了你在這個世界的位置與可能性。

本章帶領你從不同面向理解語言的力量：說話不只是技巧，而是一種深層的心理感知力；會說話的人，往往是那些最能看見他人、也看見自己的存在者。他們知道一段話不是為了占據空間，而是為了創造連結與改變。說得動人，不如說得剛剛好，精準才是穿透人心的第一步；而說話的風格，是一個人最有辨識度的符號，它不僅透露了個性，更默默替你打造了專屬的社會名片。

當你開始理解語言是「世界的建構工具」，你會發現它不只改變他人對你的看法，也開始改寫你對自我的定義。社群時代讓語言不再受限於面對面溝通，而成為持續擴散、層層疊加的影響力網路。從一句貼文、一段留言，到一次公開分享，你用什麼語氣、選什麼詞，就在無形中設計了他人如何走近你、理解你、記得你。

語言是你唯一能隨身攜帶、也最無需成本的影響工具。它不必昂貴，但需要鍛鍊；不需華麗，但必須清晰。更重要的是，它無需等待別人授權，你可以隨時修練、隨時改寫。

開始你的語言重塑練習

若你願意重新審視語言這把工具，請從以下幾個問題開始：

- 當我說話時，我想讓對方感受到什麼？是理解，還是接納，又或者是行動？
- 我的語言風格是我選的，還是習慣養成的？它對我有幫助嗎？
- 我的語言，有沒有讓我靠近我想成為的那個人？

這些問題不需要一次回答，也不該急著回答。但它們會像一面鏡子，讓你開始意識到自己說話的方式，其實早已影響了人生走向。

未來每一章節，我們將逐步拆解語言的各種層次與應用場景：從自信的建構、措辭的選擇，到聲音的節奏、場合的拿捏、人際的節點、錯話的代價、乃至語言的美感與修養。每一章，都是為了讓你更精確地運用這把工具，而不是被它困住。

語言，從來都不是中立的。它可能成為你前進的槓桿，也可能變成自我設限的枷鎖。你選擇怎麼用它，它就怎麼定義你。

這是一本關於說話的書，但其實更是一本關於「你想成為誰」的書。因為你說出口的話，就是你在人生劇本中寫下的下一場戲。

而現在，你即將進入語言真正的修煉場 —— 從建立自信開始，用更清晰、更有力、更溫柔，也更堅定的方式，去說出你想活出的那種人生。

6. 工具包：說話的覺察與行動練習

練習項目	目的	自我評估提示
1. 語言風格覺察	了解自己慣用的語言位置	我說話時常用什麼語氣？會不會過度解釋、太快反應？
2. 精準語言練習	提升說話命中率與理解度	我最近一次表達讓人「聽錯」是什麼時候？可以怎麼改？

練習項目	目的	自我評估提示
3. 風格原礦提煉	建立個人語言品牌意識	我在哪些時候說話最自在、最被認同？
4. 語言建構觀察	看懂社群與關係中的語言機制	我在社群上最常用什麼語氣貼文？想表達怎樣的自己？

思考題

- 你有沒有聽過一句話，讓你至今仍記得？為什麼它打動你？
- 若要用一句話描述你希望被記住的「說話風格」，會是什麼？

第二章

打造你的語言自信

1. 為什麼你不敢開口？

有些人不是不想說話，而是不知道怎麼開始。每當一場會議進行到一半，你腦中也許有話想說，但嘴巴卻像被縫住一樣動不了。或是朋友聚會中，你對某個話題明明有想法，卻總在話到嘴邊又縮了回去。這種卡住的感覺，不是語言能力的問題，而是「語言焦慮」在作祟。

語言焦慮（communication apprehension）是一種心理壓力，它讓人把「開口說話」等同於「暴露自己」。而一旦有暴露感，害怕被批評、被誤會或被忽略的情緒就會浮現，進而產生逃避反應。心理學研究顯示，語言焦慮不但會降低溝通意願，也會影響語句結構、語氣穩定與語速節奏，最終讓表達品質下降，形成「越怕講越講不好」的惡性循環。

這種情況的根源，往往可以從三個方向理解：

1. 害怕被評價的焦慮

我們從小就被教育「說話要得體」、「別說錯話」，但這些準則有時反而變成語言的阻力。一位年輕的社會新鮮人在簡報中明明準備充分，卻因為擔心「被主管覺得不夠專業」，整場發言都緊張到語無倫次。她事後說：「我其實不是怕內容不好，是怕我說話的樣子讓人看扁。」這不是語言能力的缺陷，而是對評價的恐懼綁架了語言動力。

2. 過度預設立場的負面想像

很多人沒開口之前，腦中就已經上演完一齣「他們一定會怎麼看我」的劇本。比方說，一位年輕主管想對資深員工提出流程改善建議，卻一直猶豫不前。他說：「我覺得我一開口，他們就會覺得我在裝懂。」但現實是，他從沒真正說出口過。這種「自我預演」其實是焦慮的假象，它讓人根據想像中的負面回應設限自己，久而久之連行動的念頭都消失。

3. 自我否定的語言內在對話

最難突破的障礙，不是外在，而是自己對自己說的話。那些藏在心裡的句子——「我講話很沒邏輯」、「我表達能力很差」、「我又不是那種很能說的人」——其實早已成為阻止你開口的主因。這種內心獨白（inner speech）像是一道無形的天花板，讓你在嘗試前就先宣判自己失敗。結果就是：話還沒說出口，就已經覺得自己輸了。

情境式範例

秀妍是一位剛搬到外縣市念研究所的學生，個性內向、講話輕聲細語，從小就被說「講話不夠有自信」。剛開始上課時，她總是害怕在課堂上發問，擔心自己說得不夠清楚、會被同學覺得「問太簡單的問題很丟臉」。這讓她錯過了好幾次向教授深入請教的機會。

有一次她在市區迷路，鼓起勇氣向路邊一對旅客問路。對方卻是外國人，用英文回應她。秀妍一愣，腦中一片空白，但還是試著用破碎的英文比手畫腳。她沒想到，對方竟感謝她說得很清楚，還誇她口音很自然。

那天回家後，她才驚覺：「原來我不是不會講，而是從來沒相信過自己說得出來。」她開始嘗試在小組討論中多開口，不再花太多時間預設「別人會怎麼看我」，而是專注於「我想表達什麼」。她的聲音沒有變大，但她的語言開始有了重心。

先承認焦慮，不等於失敗

語言焦慮不是錯，它只是你在意自己如何被看見的證據。你可以把它當作一種訊號：你的內在其實很希望被理解、被接住，只是還沒找到讓自己安心的出口。

當你能察覺這些隱性機制的存在，就是語言自信養成的起點。因為唯有認出焦慮，才能開始瓦解它。

語言焦慮的三大來源與對應內在對話

焦慮來源	典型語言表現	背後心理機制說明	常見情境
害怕被評價	「我這樣講會不會被笑？」「這樣說不會太蠢嗎？」	自我價值依附於他人看法，過度擔憂被否定	面試、提案簡報、公開發言
過度預設立場	「他們一定覺得我不專業」「他會不會以為我在挑釁？」	負面預設導致自我審查過度，行動前就先畫地自限	與權威者互動、表達不同意見時
自我否定的內在對話	「我表達能力很差」「我講了也沒人想聽」	長期語言自我形象貶抑，削弱語言動機與主動性	討論會議、陌生人交流、小組溝通場景

2. 自信不是天生的，是養成的

我們常羨慕那些在臺上滔滔不絕、言之有物的人，以為他們天生就擁有那種「會說話的氣場」。但事實上，多數語言表達能力強的人，並不是從一開始就這樣。他們只是比較早明白：語言自信，並不是天賦，而是經過訓練與反覆累積的結果。

語言表達，是心理結構與行為習慣交會的產物。自信不是來自某一場成功發言，而是來自於一種「我知道我能應對不同情境」的內在預期。當這種預期逐步被實踐驗證，就會形成穩定的語言自我形象，進而反過來強化說話時的自信感。

心理學家亞伯特．班度拉（Albert Bandura）提出「自我效能感」（self-efficacy）的概念，即一個人對自己能否完成某項任務的信念，會直接影響他是否敢於嘗試、如何調整策略，甚至最後是否成功。語言自信，就是在無數次「我曾經開口，並活下來了」的經驗裡一點一滴累積的。你不用從一開始就能講得完美，只要每次都能完成一次表達，就在為未來的自信添磚加瓦。

自信的誤解與現實

許多人對「會說話的人」有幾個常見迷思，例如：

- 他們從小就能言善道，所以我比不上。
- 我不是那種個性外向的人，怎麼學都沒用。
- 我太容易緊張，不適合講話給別人聽。

但這些其實只是「習得性無助感」（learned helplessness）的語言版本。這些想法本身，反而阻止了學習的可能。

其實，語言自信更像是一種「心理肌肉」。沒有人天生就能舉重，而是靠一次次鍛鍊增加耐力與穩定性。同樣地，你的語言穩定度、應對彈性、聲音節奏感，其實都可以練出來，只是大多數人從未真的有系統地訓練過。

自信的三大核心構成

根據實務觀察與語言訓練模型，語言自信大致可拆成三個可培養的核心：

1. 自我認知穩定性

你如何看待自己在說話中的角色？你是否總把自己當成「被挑戰者」，還是可以轉變成「參與者」？清楚自我定位，能幫助你在開口前就建立好心理基底。

2. 語言策略彈性

當對話節奏變快、對象難以捉摸時，你是否能適時調整說話方式？能否從失誤中迅速復原？彈性，不是會每種話術，而是能在變化中維持內在的穩定。

3. 經驗性回饋迴路

你是否從每一次說話經驗中學習？能否透過回顧、紀錄或討論找出下一次的優化空間？有學習意圖的人，才能真正從經驗中累積信心。

不是「會講話」，而是「願意開始講」

雅筑是一位 32 歲的視覺設計師。她在公司裡總是作品好、人緣佳，卻每次只要需要開口提案，就開始語速加快、用詞不穩，甚至常常結尾會自己補一句：「大概是這樣啦，可能說不太清楚，不好意思。」她曾懷疑自己天生就是不適合「當講者的人」。

直到有一次，她主動請設計總監幫她錄影回顧一次簡報。回放時，她發現自己講得其實比想像中清楚許多，唯一真正干擾的是「自我貶抑式的語尾」。她決定每次簡報後強迫自己不說任何「自我矮化」的語句，並在每場提案後寫下三件自己做得不錯的事。

半年後，她不僅說話更有節奏，還被選為團隊中對客戶簡報的主講人。她說：「我沒變得多會講，我只是停止在話還沒出口前，先打敗自己。」

語言自信，不是靠演練一次完美的開場白，而是每天一次、一次又一次地重新選擇 —— 我願意說出來、我願意嘗試，不論聲音是否完美，不論表情是否到位，我都能從這次的行動中，看見自己的成長。

當你把每一次說話都當作一次「重新站出來」的機會，你會發現，自信其實不是變得更厲害，而是更願意為自己發聲。

3. 語言肌肉的日常訓練法

就像體能需要鍛鍊，語言自信也需要透過日常練習培養出來。許多人以為說話是一種「臨場反應」的能力，其實，那些在關鍵時刻說得穩、說得好的人，背後往往都做過大量無人看見的準備。他們所展現的並不是臨場靈感，而是一種被「訓練出來的即興」。

語言是一種「肌肉」沒錯，但它更接近「多維的肌群協作」，包含語感（語言節奏與邏輯）、表達（語句組織與發音）、應對（情境調節與即時反應）與情緒自律（聲音穩定與心理舒適）等層面。本節將針對日常可實踐的三大訓練方向，提供具體方法與思路。

一、語感訓練：建立語言節奏與邏輯的內建軌道

語感（verbal intuition）是一種能在腦中自動組織語句、感應說話節奏與適切用詞的能力。它不靠死記，而來自大量的輸入與重組練習。

練習方式：

1 日 3 句重構練習

每天挑選 3 句聽來「不順」或「模糊」的語句（可來自日常

對話或社群平臺)，嘗試重寫成更清晰、具邏輯性且有溫度的表達方式。例如：

原句：「你怎麼還沒弄好？」

重構：「需要我幫忙釐清卡在哪邊嗎？」

- 語速調整練習

刻意用三種不同語速唸出同一句話 (慢、中、快)，觀察語意如何因語速變化而改變重點與情緒色彩。

目的：培養節奏感與自我聲音敏感度。

二、自我語言練習：對鏡開口，練習自然說話肌肉

很多人說話時的緊張來自「我不知道自己說出來的聲音是什麼樣子」。解法不是背臺詞，而是讓聲音與語言熟悉自己的身體與耳朵。

練習方式：

- 鏡像發聲練習 (mirror monologue)

每天面對鏡子練習 1 分鐘自由說話，題目不限 (可說今日感想、昨晚夢境、想表達卻沒說出口的話)。

目的：建立語言與身體感的連動，減少「我怎麼看起來怪怪的」的尷尬投射。

- 聲音筆記法

用手機錄音 3 分鐘自己的敘述練習，回放後評估三項指標：「我聽得懂我在說什麼嗎？」、「我有想聽下去的感覺嗎？」、「語句有停頓或模糊嗎？」

透過聆聽自己的語音，提升自我編輯與表達整合力。

三、鏡像對話法：建立應對節奏與情緒調節力

許多語言焦慮來自「我不知道對方會怎麼回」。因此，訓練時可以模擬「雙方對話」情境，讓自己在獨處時也能熟悉雙向節奏。

練習方式：

- 角色互換練習

挑選一段現實中曾感到卡住的對話（如客訴處理、與主管溝通、表白失敗），寫下雙方的對話內容，然後輪流扮演兩個角色唸出來。

重點不是演戲，而是感受「語言位置的轉換」—— 說出對方角色的語句時，能幫助我們更理解對話的情緒結構與語氣張力。

即興 5 句對答訓練

請朋友或使用網路 AI 工具，丟出一個隨機情境句，例如：「我覺得你這樣講不太負責任耶。」練習在 5 句內完成合適應對，包含回應、轉折、澄清或退場。

這種訓練能培養「情緒穩定輸出」的能力，尤其適合情境變動快的職場或人際對話。

培養語言肌肉的練習建議表（每週節奏）

練習項目	建議頻率	所需時間（每日）	重點成效
1 日 3 句重構	每日	約 10 分鐘	提升語句邏輯與表達敏感度
鏡像發聲練習	每日或隔日	1 ～ 3 分鐘	降低開口焦慮、熟悉語言節奏
聲音筆記回放	每週 2 次	約 10 分鐘	精練語氣語調與自我編輯力
角色互換演練	每週 1 次	約 15 分鐘	增強換位思考與語境適應能力
即興對話訓練	每週 2 次	約 10 分鐘	提高即時應對與語言彈性

語言肌肉的「群體性演練」模式

語言的運用不僅存在於個人獨白或書面輸出中，更多時候，它需要在互動節奏中建立動態感與回應感。若將語言自信視為一種肌肉群協作的能力，那麼「與他人共演」的場域便是必不可少的訓練環節。

特別是在職場、小組合作、社群互動等需要即時應對的情境中，光靠自我練習可能無法完整模擬語言節奏的真實變化。這時候，**群體性語言練習**可以補足單人訓練的盲點，幫助你更快建立「語境轉換力」與「語氣回應感」。

以下提供幾種可實施的群體語言訓練方式，適合在工作坊、小型社團、教學場域或三五好友中進行，目的不是競賽，而是模擬出更貼近真實語境的互動壓力與節奏挑戰：

練習項目	建議頻率	所需人數	練習目標	實施方式範例
角色互演小組練習	每週 1 次	2 - 4 人	建立語境切換與多重視角反應力	模擬一場溝通現場（如主管對話、顧客應對），輪流扮演主講者與聽者

練習項目	建議頻率	所需人數	練習目標	實施方式範例
即興發言挑戰	每週 1 次	3 人以上	增強臨場反應與語言輸出流暢度	由主持人出題（例如「辦公室咖啡機壞了怎麼辦」），限時 1 分鐘內即興發言
雙人鏡像訪談	每週 1 次	2 人	練習提問、傾聽與回應技巧	一人扮演訪問者、一人作答，事後交換角色並給出語言表現回饋
錄音回聽群體討論	每兩週 1 次	3 ～ 5 人	精練語速、語調與斷句的自我察覺	小組分別錄下 2 分鐘主題分享，播放後互評優缺點並提出優化建議

語言不是天賦，而是透過日常細節慢慢雕塑出來的節奏、能量與姿態。若你願意從今天開始給語言一點時間，那麼不久之後，你會發現那個更自在、更有力量的自己，其實早已藏在你的聲音裡，只差一點訓練，就能被聽見。

4. 不完美的開口，也能說出力量

你曾經因為怕說不好、講錯話，而乾脆選擇沉默嗎？又或者，你在發言前反覆推敲詞句，結果話還沒開口，機會已經溜走？許多人以為語言焦慮是來自表達能力不足，實際上，更多時候，它源自一種深層的心理障礙：完美主義。

所謂「說話的完美主義」，並不是追求清楚或有效的溝通，而是過度擔心語言中的錯誤、語氣的失控、或是自我形象的不夠理想。這種心態會讓人陷入一種「講錯會毀了一切」的極端想像，久而久之，就形成一種深植日常的語言壓力。

說話完美主義的三種常見樣態

1. **預演式焦慮**：「我需要先把要說的每句話都想好。」

這類人習慣在腦中反覆模擬對話，結果容易卡在「還沒準備好」的循環裡，無法自然開口。

2. **即時自我否定**：「我剛才那句話是不是太突兀？」

說話過程中不斷自我檢查、質疑，使語言節奏中斷，甚至讓對話失焦。

3. **回放懊悔型**：「我剛剛應該講 ×× 才對！」

事後反覆檢討自己的語句與語氣，把一次對話擴大成對自我的否定。

這些行為共通的核心，是一種信念：「說話必須完美，否則就是失敗」。但事實上，語言的本質從來都不是無誤的輸出，而是一種即時的、互動性的行動 —— 它的價值不在無懈可擊，而在於是否能被「接住」。

「能夠溝通」比「說得好」更重要

一位醫院實習生在第一次簡報時，由於緊張忘詞，連資料都翻錯頁。他結束後語帶懊惱地道歉：「對不起我講得很亂……」沒想到負責的主治醫師說：「你的邏輯其實很清楚，講錯沒關係，重要的是我聽懂你想說什麼。」這番話讓實習生當場紅了眼眶，因為他以為自己丟臉了，沒想到卻被看見了「有效傳達」這一點。

我們常忘記，說話的終點不是「說對」或「說完美」，而是「讓對方接收到」。在溝通場域裡，有效遠比正確重要；真誠遠比華麗動人。

尤其在高壓或情緒密集的情境下，語言最重要的功能不是邏輯嚴密，而是釋放情緒、建立連結、創造理解。當你勇於用不完美的語言說出真實的自己時，反而更容易產生人與人之間的信任與溫度。

練習「說得不完美」的五個觀念轉換

舊思維	新思維
我一定要說得好，才值得開口	我只要願意開口，就比沉默更靠近溝通
說錯會讓人覺得我不專業	說錯是學習的一部分，對方重視的是溝通意圖
我講話卡住了，是不是很丟臉	卡住代表我在思考，這是正常的溝通節奏
他們都講得這麼好，我還是別說了吧	每個人的語言風格不同，我的聲音也有價值
我需要有把握才開口	說話本來就是在試探中修正與調整

你不需要等待語言完美的那一天才說話，因為那一天永遠不會來。真正的進步，是從每一次不完美的表達中累積而來。

「講得不完美」卻收服人心

在一次社群聚會中，一位二十多歲的青年上臺分享自己創業失敗的經歷。他語速忽快忽慢，有時還停頓找詞，甚至一度因情緒泛淚說不下去。但臺下沒有人不耐，反而越聽越專注。

事後他收到許多訊息，不是誇他說得多好，而是「謝謝你這麼真誠地說出來，讓我也敢面對自己的挫敗」。他沒有語言技巧的完美，但他的真實讓人共感。他用不完美的語言，說出了最大的力量。

真正的表達力，不是從訓練「如何說得漂亮」開始，而是從允許自己「不完美但仍然可以開口」的那一刻開始。這份勇氣，會讓你的語言不再只是輸出聲音，而是一種影響他人、療癒自己、打開關係的能力。

你不需要說得完美，才能說得動人。

5. 語言勇氣，是你與世界對話的開始

說話的難，不只來自技巧的不足，更多時候，是來自一種深層的心情——「我不知道我這樣說，會不會被接受。」這種懷疑讓人遲疑、退縮，有時甚至直接選擇沉默。但如果我們將語言看作是一座橋，那麼，支撐這座橋最重要的元素，不是詞彙，不是邏輯，而是勇氣。

所謂語言的勇氣，不是大聲說話，也不是話多話快，而是一種即使面對可能的不理解、不認同，仍選擇開口的心理狀態。這份勇氣，不是天然擁有，而是可以透過練習與語言回饋逐步養成。

正向語言回饋，是自信的種子

根據正向心理學研究，當我們在語言互動中接收到正面回應，例如點頭、回應、微笑、簡單的附和，這些回饋會強化我們的表達動力。這是一種行為學上的「增強效應」：被肯定的行為，會更傾向被重複。

一位參加溝通課程的職場媽媽分享她的經驗。她原本不太敢在會議上發言，總覺得自己講得不夠好。有一次，她在會議中簡單補充了一句：「這個提案或許可以再加一個測試階段，風險會比較小。」沒想到部門主管點頭回應，還說：「這個提醒很實用。」那天回家後，她對著丈夫笑說：「我講話居然有人點頭耶！」就是這麼一個小小的正面回應，成為她語言勇氣的起點。

語言的正向回饋不一定來自他人，也可以來自自己。當你說完一句話，感覺自己被理解了、靠近了某個人，那份情緒上的滿足感也能內化成下一次更勇敢的動能。

練習語言勇氣的三個步驟

1. 設立「微型開口任務」

不是要求自己在眾人面前演講，而是從一句簡單的提問、一則社群留言、一次主動問好開始。這些「低風險、小挑戰」的語言任務，可以慢慢建立你與語言之間的安全感。

2. 創造「友善語境」

選擇在支持你的朋友或同事面前練習說話。他們的回應不會讓你有壓力，反而會幫助你強化正向經驗，降低表達焦慮。

3. 運用「語言鏡像」法

試著將你心中想說的話，用書寫的方式先表達出來，然後大聲唸出來，甚至對著鏡子練習。讓語言先經過書寫與聽覺的處理，能減少思緒的混亂感，也能幫助你更熟悉自己的語感與語氣。

這些方式不在於讓你變成「話很多」的人，而是讓你成為一個「願意開口」的人。勇氣不是讓你變得完美，而是讓你選擇前進，即使還不完美。

勇氣與情緒，是可以相互借力的

一位國中輔導老師分享過他班上一位原本內向的學生。這位學生在一次班會上鼓起勇氣舉手說：「我覺得我們最近有點太常吵架了……可以不要再一直對來對去嗎？」當時全班安靜了三秒鐘，然後有同學跟著說：「我也覺得最近大家情緒都太滿了。」那一刻，這位學生第一次感受到語言可以影響氣氛，改變團體。事後他告訴老師：「我一直以為自己說出來會被笑，但講了才知道，原來有時候我不是唯一這樣想的人。」

語言勇氣，不只是個人意志的展現，它常常也是一種情緒連動的起點。當你說出來的話能引發共鳴，你就會明白：語言不是風險，而是連結的工具。即使對話過程不順，即使有時候對方不領情，那也只是這一輪的互動不成立，並不代表你說錯了或不該說。

你開口的那一刻，就是世界回應你的開始

心理學家馬丁·賽利格曼（Martin Seligman）提出「習得性無助」的理論，指出當個體長期處於無法控制結果的語言互動中，會逐漸失去表達的動力。而語言勇氣，正是對這種無力感的反制。

當你選擇開口，你就在打破沉默的封閉結構；當你選擇繼續說，你就在與世界進行對話與重建。

請記得：你不需要先完美，才能值得被聽見。你只需要先相信，「我說出來，有意義」，就能讓語言成為你面對世界最真實、也最持久的力量。

語言勇氣養成練習清單

請嘗試在未來一週內實踐下列項目，並記錄過程與感受。這些練習不需完成得完美，重要的是練習「開口的勇氣」。

練習項目	目標說明	是否完成	備注／心得
1. 向陌生人發起一段簡短對話	練習在無安全感的語境中啟動語言行動	□ 是 □ 否	例如：超商店員、電梯裡的鄰居等
2. 對著鏡子大聲練習一段自我介紹	建立語感自覺與說話的節奏控制	□ 是 □ 否	自錄影片 或錄音亦可
3. 說出一個過去你因害怕而沒說的觀點	對抗語言焦慮的心理迴避反應	□ 是 □ 否	例如：在會議中、社群貼文中表達不同立場
4. 練習用溫和語言提出不同意見	建立共感式回應與界線清楚的語言策略	□ 是 □ 否	例如：「我理解你的想法，但我也想補充……」
5. 寫下三句給自己的語言鼓勵	建立自我語言回饋機制，強化自信	□ 是 □ 否	例如：「我值得被理解」、「我有權表達想法」等

第三章

說得好，也要說得對

1. 字句之間，藏著你的思考習慣

你說的每一句話，都是你思考方式的鏡子。字詞的選擇、語句的結構、語氣的停頓，看似偶然，其實深藏著你對世界的理解模型。很多時候，我們不是因為話說得不夠動人而失去溝通的效力，而是因為話說得「不夠對」—— 它們模糊、冗贅、邏輯斷裂，讓語言本該產生的說服力在出口時就消散了。

語言是一種思維的外化形式。當我們不自覺地使用某些語病、模糊句、或邏輯錯誤時，其實也暴露出內在認知上的習慣性偏差。例如，常說「我只是說說啦」、「應該沒問題吧」這類語尾模糊句的人，很可能在面對衝突時傾向自我保留、不願負責。而那些說話總是「跳步式思考」的人 —— 前一句還在陳述背景，下一句就跳到結論中 —— 則常反映出他們在思維上缺乏推論過程的建立能力。

常見語言錯誤類型與思維偏誤

錯誤語言類型	常見語句範例	可能反映的思維偏誤
模糊句式	「差不多就可以了吧」 「應該還好啦」	模糊界線、責任閃避、過度自我安撫

錯誤語言類型	常見語句範例	可能反映的思維偏誤
語病重組	「這件事情如果不是那樣的話，我可能就……」	表達順序混亂、邏輯預設過多
冗詞贅語	「事實的真相是……」 「基本上大致上……」	表達焦慮、自信不足、無意識填充
無因果連結	「我遲到是因為昨晚很累」	混淆關聯與因果、邏輯推理跳接
逃避式語尾	「我是覺得啦」 「你自己看著辦囉」	論點責任外推、避免立場承擔

這些語言模式，不僅讓聽者感到困惑，也會讓你的溝通價值打了折扣。語言是用來傳遞「有結構的想法」的橋梁，一旦結構鬆散，想法自然無法穩定抵達。

語感混濁，是怎麼養成的？

語感不佳，通常不是文法沒學好，而是思維中缺乏組織與判斷的慣性。這往往來自幾種生活或職場背景：

1. 高度碎片化的輸入經驗

經常接觸社群短訊、標題語言、快訊型文章，使語句結構簡化，但邏輯被壓縮遺失。

2. 長期缺乏言語輸出機會

即便思考清晰，若缺乏實際表達機會，也會讓語言組織逐漸退化。

3. 迴避深度對話的環境氛圍

周遭若長期鼓勵「講話不要太認真」的文化，久而久之會讓人習慣用曖昧、模糊的話語自保。

一句話如何暴露邏輯問題？

某次職場會議中，一位同事在提出專案建議時這麼說：

「我覺得這個案子可以推進，只是目前還有一些未知數，雖然我沒有資料，但感覺應該可以先開始，大家覺得呢？」

這段話看似在爭取共識，實際上卻語意模糊、立場搖擺。從句式來看，它混用了「建議」、「保留」、「請示」三種語氣，讓人無法判斷其真實立場；從語意來看，它用了「覺得」、「感覺」、「應該」等弱化詞，使原本該有的專業推論變得像個心情描述。

語言精準，不等於冷酷。反而，越是清晰的語言，越能產生溫柔的力量。因為它不迴避責任、不含糊立場，讓人願意跟隨、願意回應。

如何辨識並調整思維中的語言偏誤？

語言習慣難以一朝一夕扭轉，但可以透過日常練習逐步改善。以下是三種可行的日常觀察法：

1. 語句重構練習法

將自己說過的一段話記錄下來，試著重新組織，使之更清晰具體。可由同事或朋友協助給出反饋。

2. 話語鏡像反思法

當你聽到別人的表達讓你「有點不舒服但說不出為什麼」時，停下來分析那段語句的結構與語氣。

3. 模糊句辯證法

將常說的模糊句（例如：「差不多就行」）拿來與具體化語句比較，例如：「完成 80%的功能即可交付測試」，藉此練習語意收斂。

這些看似小小的轉換，就是讓語言成為「思想之劍」的起點。你越能掌握語句細節，就越能把握話語的方向盤，讓別人清楚你要開往哪裡，也讓自己明白，你正在朝什麼樣的思考方式前進。

2. 措辭精準，是對溝通的尊重

在所有溝通困境中，最常見的並非語言貧乏，而是語言過於模糊或使用錯置的詞彙。那些說者無心、聽者卻在意的時刻，往往都與「措辭不當」有關。語言不是抽象的機械輸出，而是會被人「感覺」的東西。一個詞的重量、語氣的高低、句構的走勢，無一不是他人感知你態度與意圖的線索。

真正的溝通高手，並不是詞藻華麗，而是擁有語感的敏銳與心理的同理。他們知道說話不只是把話說清楚，更是以最恰當的方式，讓對方「願意聽下去」——這既是理解，也是尊重。

精準措辭，是語言的道德修養

語言，是我們對他人內在世界的敲門聲。若你拿錯了鑰匙，進不了門是小事，踹門而入才是失禮。很多人以為直白是美德，但其實語言的粗糙，往往不是坦率，而是忽略。

例如，對剛經歷失敗的同事說：「你就是不夠努力」，看似講實話，實則否定了對方的情緒與複雜背景；又如在緊張協商中說：「這很簡單吧」，也可能被視為對他人能力的輕蔑。措辭是否貼近現場心理，是語言能否被接住的第一道門檻。

說話時，我們不只是傳遞事實，更在不斷釋放「我怎麼看你」的訊號。當你的語言能夠精準對焦、減少誤解與衝突，你就是在實踐一種對人際關係的尊重與負責任。

常見措辭偏誤與修正示例

以下是幾種常見的「語感地雷」，及其可行的替代說法：

原句	問題說明	精準改寫示例
「你怎麼會這樣想？」	暗示對方想法異常，易引發防衛	「我蠻好奇你這樣想的出發點是什麼？」
「這不是常識嗎？」	預設對方無知，傷害關係感	「這部分我也花了點時間才弄清楚，我來補充一下」
「我只是講實話而已」	詞義遮蔽攻擊性，回避語氣責任	「我想提出我的觀點，可能會比較直接，請你看看是否合理」
「這樣很沒效率耶」	結論式批評，缺乏共構可能	「我們是不是可以再想一個方式來提高流程順暢度？」
「照這邏輯你豈不是……」	演繹式激將法，容易激化衝突	「如果我理解沒錯，你的意思是……那我們可以這樣看嗎？」

這些微調，既不削弱立場，也不迴避重點，反而讓語言更有力量。因為它們把「我對事情的思考」與「我對你的態度」有效分離，避免了論事時傷人。

語言的邏輯與溫度，需同時並存

常有人問：「到底要說得清楚，還是說得好聽？」但這根本不是二選一的問題。語言真正的成熟，在於**清楚地說出困難的事，同時維持足夠的體面與同理心**。

對話的本質是建構共識，而非壓倒對方。當你能一邊掌握語意結構的邏輯順序，一邊維持語氣的穩定與溫度，你的語言就具備了同時說服人與安撫人的力量。

舉例來說，在反對他人意見時，若你直接說「我不贊成」，可能會使氣氛轉冷。但若說：「你的觀點我理解，也有道理，我想再補充一個不同的角度看看是否也適用」，這樣既不否定對方，又成功導入你的觀點。

真正能推動對話向前的語言，不是凌駕他人，而是**邀請對方一同參與思考**。

練習語感精準的三個習慣

1. 說話前，問自己：這句話有可能被誤會嗎？

把句子唸出來，感受語氣可能引發的聯想，替對方先走一遍「接收路徑」。

2. 練習「轉述式說話」

將對方的語意先用你自己的話說一次確認，如：「你是說……的意思對吧？」避免因誤解導致無謂衝突。

3. 用目的導向檢查語言是否過界

每次說話前，問自己：「我這句話的目的是什麼？是為了解決問題，還是為了表達情緒？」目標越清楚，措辭越精準。

當語言越來越快、對話越來越碎，我們越需要提醒自己：措辭，是一種品格的展現。它不只是溝通技巧，而是對他人心智空間的尊重。精準的語言，既能表達思想，也能承載情感，讓你的話語不僅被聽見，更被接住。

3. 說話有架構，才能讓人聽得懂

會說話是一回事，讓人聽得懂又是另一回事。你是否曾經在一場簡報中，講了五分鐘卻沒人理解重點？或是在會議裡發言三句，結果被打斷問：「所以你的重點是什麼？」這並不代表你講得不好，而是**語言的架構感不夠清晰**。

說話沒有架構，就像一篇沒有段落的文章、或一場沒有轉場的電影。語言若缺乏邏輯節點與轉折設計，聽者不僅難以跟上，也無法形成有效記憶，更別說被說服。

清楚的語言，不靠詞彙堆疊，而是邏輯分明

一位公關顧問曾分享她指導發言人上臺訓練的經驗：「最怕的就是那種一開口就沒完沒了，自己講得起勁，聽的人一頭霧水。」她強調，不管你說什麼內容，**一定要讓聽眾有「抓得到重點」的感覺**。語言邏輯，就是你為對話鋪設的導航地圖。

表達結構不只是文字邏輯，更是幫助對方「安心聽下去」的提示。當你的語言有層次、有順序、有關鍵詞，它不只讓內容更易理解，也傳達出一種思維清楚、態度穩定的訊號。

三種實用的語言結構模型

以下介紹三種最常用的語言架構模型，適合應用於**職場簡報、意見發表、日常溝通**等場景：

一、PREP 模型：快速有力地表達一個觀點

PREP 是 Point（觀點）、Reason（原因）、Example（例子）、Point（重申觀點）四步驟的縮寫，是最簡單也最穩定的語言結構。

範例：

「我認為這次專案應該延後一週（P）。因為目前的測試階段還沒有收斂問題點，如果照原進度，可能會影響整體品質

(R)。像上次 A 案就是過於趕工，最後返修成本翻倍 (E)。所以我們延後一週，反而能提升交付水準 (P)。」

PREP 適合用在簡報、簡短發言或需要快速闡述立場時，讓語言有重點、有佐證，也能幫助你自我穩定語速與節奏。

二、三段論：層層推進、邏輯清晰的說話方式

三段論是從大前提、小前提推導出結論的結構，尤其適合用在說服、討論分析類話語中。

範例：

大前提：顧客滿意度與回購率呈高度正相關。

小前提：目前顧客投訴率上升，滿意度下降。

結論：若不改善服務機制，將直接影響銷售成果。

這種結構在職場分析、策略會議中極為實用，可協助你在面對高階管理層時，展現邏輯與預測能力。

三、轉折引導法：處理異議、整合觀點的語言策略

當溝通中存在意見分歧或需提出反建議時，使用轉折引導法能避免語氣衝突，讓話語更具協調性。

句型公式為：「我理解……不過我也想補充……看是否可以這樣……」

範例：

「我理解你想維持原有規劃，確實這樣風險最低。不過我也想補充一個角度：若我們先行測試新路線，可能能更早掌握潛在回報。看是否能在兩者之間設計一個彈性機制？」

這類話術在**協商、衝突處理、敏感議題表達**中特別有效。語言的目標不是戰勝對方，而是讓對方願意走進你的想法。

小心「語言無結構」的常見陷阱

無結構說話有幾種常見形式，若無意識改善，容易導致溝通失焦：

現象類型	描述特徵	建議調整方式
堆疊型說話	一句話接一句話、無停頓、跳躍性高	使用 PREP 模型強化主軸重點
意見前後矛盾	開頭與結尾說法不同，讓聽者無所適從	先寫下結論，再倒推補強過程邏輯
過度前情提要	花太多時間鋪陳背景，導致主軸不明	採用「先說結論」的逆金字塔結構
話中話轉太多次	一直加上「我再補充一點」導致聽者無法記憶結構	使用轉折語「第一、其次、最後」導引節奏

提升語言邏輯感的練習建議

1. 說話前寫下三點重點

即使是口語對話，也可以預先在心中整理「我這次要講的三件事是什麼」。

2. 練習「標記式說話」

開頭加入提示語：「我想分三個方向來說」、「這件事我有一個主張、一個例子與一個建議」。

3. 觀察高手怎麼說話有層次

觀看 TED 演講或喜歡的主持人，記錄他們如何安排段落、如何用過渡語設計說話節奏。

擁有語言邏輯感的人，不僅讓人聽懂，也讓人信服。結構清楚的說話方式，是一種智慧的展現，也是一種體貼的溝通姿態。你越能「替對方想」，對方就越願意「跟你走」。

4. 避免陷入語言誤區與爭論死角

語言是溝通的工具，也可能成為誤解的根源。很多爭執，其實不是立場不同，而是語言選擇出了錯。錯誤的措辭、隱含的偏誤與未察覺的邏輯漏洞，不但讓溝通偏離軌道，更可能讓對話直接破裂。

理解語言中的常見誤區，不是為了「抓語病」，而是為了建立一種更清明的對話意識 —— 讓我們說得更準，也聽得更明白，避免在無意中跌入語言的陷阱。

一、語言誤區一覽：你說的話，藏著你沒發現的偏見

以下是常見五種語病類型，以及它們可能引發的對話後果：

語病類型	描述特徵與舉例	對話風險與影響
非黑即白思維	將複雜問題簡化為兩種極端選擇，如「你不是支持我，就是反對我」	排除中間地帶，使對話變得緊繃或對立
貼標籤式語言	用一個詞彙全盤否定對方，如「你就是太玻璃心了」	貶低對方、阻斷真實討論
訴諸情緒	不討論內容，只引導情緒反應，如「你這樣很自私耶」	模糊議題焦點，使對話變成情緒拉扯
鎖定動機	揣測對方背後目的而非回應內容，如「你根本只是想出風頭吧」	質疑對方人格，降低溝通信任
模糊推論	結論不清、論述跳躍，如「反正你都沒在聽，那我說再多也沒用」	讓人摸不清重點，誤解機率上升

這些語言錯誤之所以常見，是因為它們**看似有情緒力道，實則削弱對話深度**。當你發現對話開始往「你就是這種人」、「你又來了」這類句式滑動，就該警覺：我們可能已經進入語言誤區，而不是在討論事實或觀點。

二、邏輯謬誤的語言包裝術

很多聽起來有道理的話，其實邏輯站不住腳。邏輯謬誤(logical fallacies) 常以「說服語言」之姿出現，但若未加辨識，容易讓人陷入認知偏誤。

常見語言邏輯錯誤範例如下：

邏輯謬誤類型	常見語句樣態與描述	危險之處
人身攻擊	「你講的也沒道理，你自己都失敗過這麼多次」	拒絕討論內容，直接攻擊講者
稻草人謬誤	「你是說我們完全不用開會？太誇張了吧」	扭曲對方立場後再反駁
滑坡謬誤	「如果今天讓你請假，那以後大家是不是都要這樣？」	誇大事件後果，導致恐慌式判斷
訴諸群眾	「大家都這麼做，為什麼你要堅持不同？」	以人數壓力代替合理辯論
錯誤因果	「自從我開始帶那條手環後，我業績就上升了」	將同時發生的事件誤判為因果關係

面對這些話術，不必立刻反駁對方。更有效的方法是用「追問式」對話拆解對方邏輯，例如：

- 「你剛說的是擔心結果會變成大家都請假，那我們來討論有沒有折衷方式，而不是直接否定吧？」
- 「我想釐清，我剛的意思不是完全不要開會，而是希望我們減少不必要的流程。」

用語言的細緻度對抗語言的粗暴，是進階溝通力的展現。

三、不對等對話的陷阱：對話不是比賽

語言若落入權力不對等，常會出現以下三種溝通困境：

1. 高位壓制式語言

- 如主管說：「你再這樣講，會不會太不成熟？」
- 容易讓對話淪為「你說了就算」，使被指責者不再表達。

2. 技術性排除語言

- 使用專業術語讓他人無法參與，如「這些 KPI 指標一看就知道你不熟」。
- 傳遞出「你懂太少、別插話」的排斥訊號。

3. 隱性冷處理語言

- 不回應、不表態、以沉默或模糊語言冷落對方。
- 表面無害，實則讓對話無法前進，造成無聲張力。

這些語言模式不易察覺，但卻常常讓溝通卡關、情感受損。我們可以用「共構式語言」反制，例如：

- 「我還在整理想法，但你說的那點我有些感受，我來說說看我的角度。」
- 「也許我們兩邊都沒全然正確，但我們可以從彼此的想法找一個交集。」

四、讓語言回到理解，而不是勝負

當你感覺對話開始出現「誰對誰錯」、「情緒高張」、「語意扭曲」等徵兆時，請暫停一秒問自己：

- 我現在是在回應內容，還是在對抗對方？
- 我想要溝通，還是想贏？
- 我的語氣，還有讓對方願意回應的空間嗎？

語言如果被用來防衛或攻擊，終將失去對話的空間與溫度。真正的說話力，不是輸贏，而是創造理解的可能。

5. 語言邏輯的實用修練計畫

說話的邏輯力，並非語文天賦，而是可以經由練習逐步養成的思考肌肉。很多人一想到「語言邏輯」，腦中浮現的都是嚴肅的辯論場、艱澀的邏輯學名詞，於是興趣全無。但事實上，**語言邏輯的養成，往往來自日常的覺察與微調**。

本章談過措辭的精準、句構的清晰、邏輯的推進與謬誤的避免，這些技巧若能透過具體行動實踐，才真正能化為你的語言基底。本節所設計的，是一套可在日常操作的「一週語言邏輯強化行動表」，幫助你逐步內化表達力的核心結構。

一週語言邏輯強化行動表

日期	練習項目	練習目標	實作說明
星期一	「1句話說清楚」練習	精煉表達焦點	選擇今天的一件事（如工作進度、近況分享），用一句話表達，限制20字內。練習抓出核心訊息。
星期二	「模糊句重寫」練習	建立語意敏感度	回想今天說過一句模糊或對方沒聽懂的話，嘗試重寫為更具體、有邏輯的版本，記錄兩者差異。

日期	練習項目	練習目標	實作說明
星期三	「PREP 表達」實戰	養成組織邏輯	運用 PREP 法（Point、Reason、Example、Point）說明你對某議題的看法，並試著對鏡練習。
星期四	「邏輯謬誤偵測」	增強辨識力	從社群貼文、新聞報導或朋友對話中，找出一句具有邏輯謬誤的語句，分析錯誤類型與影響。
星期五	「同儕回饋實驗」	測試語言效果	找一位朋友或同事，請他聆聽你敘述某事件或想法，並給予回饋：「哪一句最清楚？哪一句最模糊？」
星期六	「語感模仿」練習	提升語言節奏與結構感	選一段你欣賞的演講片段或訪談，抄寫其中一段，並大聲朗讀三次。觀察其語序、重點與停頓節奏。
星期日	「一週語言回顧」	反思與整合	用 3 分鐘時間寫下本週自己說過最成功的一句話與最卡的一句話，分析當下情境與心理狀態。

補充練習方式：同儕語言交換日

若希望進一步整合實踐與反饋，建議每週安排一次「語言交換日」，邀請一位信任的朋友互相進行語言回顧，包含：

- 本週說話中感到最有力量／最弱勢的一刻
- 對方語言中最打動你的句子／讓人困惑的表述
- 提出一個「你可以怎麼說會更好」的回饋建議

這不只是一種語言訓練，也是一種關係深化的機會。在有人陪你看見語言的同時，你也會更願意去改進它。

語言邏輯養成的提醒與收束

1. **邏輯不是為了「說服」對方，而是為了讓對方「聽得懂」。**
2. **避免追求完美句型，請聚焦於「說清楚」與「說得準」。**
3. **語言是肌肉，無需一次到位，但需要持續訓練。**

當你養成這種「察覺 —— 修正 —— 測試 —— 再修正」的語言內循環，你會發現，說話不再只是憑感覺，而是一種有節奏、有系統、有力量的表達方式。

跨部門與多元場域的語言邏輯策略

語言邏輯的訓練，不僅適用於個人日常對話與簡報，當你處於跨部門協作、專業背景差異大或決策利害關係人眾多的情境中，更需要具備「轉譯語言邏輯」的能力。因為在這些場域中，單純清楚還不夠 —— 你必須說得讓「不同語言系統的人也能聽懂並願意接住」。

舉例來說，當你是一位工程師，面對的是行銷部門主管或業務同仁，若你的語言中充滿技術術語（如：「API 串接不穩會導致延遲回應」），對方可能只聽懂「不穩」，卻無法理解影響程度與緊急性。這時，語言邏輯的重點，不是展現專業，而是轉換語言單位：「這個系統的不穩定，可能會讓使用者等待超過 10 秒，流失率會上升」。這樣的句型，就是一種橫跨領域的語言翻譯。

再如，在跨文化或外部簡報場合中，表達策略的邏輯性不只要顧及內容順序，更要敏感於語氣、舉例與論點鋪陳的文化接受度。歐美聽眾可能偏好開門見山的直陳結論，而亞洲文化中則更習慣先鋪陳背景，這些都會影響語言架構的設計。

以下是幾個應對「異質語境」的語言邏輯原則，供你進一步實踐：

情境類型	溝通困難點	語言邏輯應對策略
跨部門協作	專業語言落差，認知起點不同	轉譯專業詞彙為對方語境常用語，補充背景脈絡與後果推論
多方決策協商	立場差異與利益衝突	使用三段論說明原則＋預設替代方案，引導共識場域

情境類型	溝通困難點	語言邏輯應對策略
上對下指派任務	資訊未完整傳遞，認知斷裂	明確架構（如 PREP 或五段說話法），搭配任務目標＋步驟
對外簡報／提案會議	結構鬆散、跳躍、不易理解重點	善用提示語、標記語（例如：「我分三點說明」）
新手／陌生聽眾場域	難以判斷對方的理解程度	採用「邊說邊確認理解」策略，如：「這樣解釋可以嗎？」

語言不是中性工具，而是你進入他人認知世界的通關密碼。當你開始意識到「不是所有人都住在跟你一樣的語言宇宙裡」，你的語言邏輯就會不再只是自我展現的手段，而成為促進協作、降低衝突、創造連結的橋梁。

最後，請記得：語言邏輯不只是語言結構的演練，更是一種對他人理解負責的態度。當你願意為不同背景的人重組語言，這份細膩與體貼，就是最有力量的說服方式。

第四章

聲音決定關係的溫度

1. 聲音，是情緒的第一訊號

一個人在說話時，真正傳遞出去的，不只是字面上的內容。當你開口的那一刻，你的聲音也攜帶著一整套訊息：你是否自信、你是否在乎對方、你有多在意這場對話的結果。這些訊息往往不經思考地滲透出去，而聽者也會在瞬間感受到。語音（voice）、語調（intonation）與停頓（pause）這三個要素，便是我們在溝通中最容易忽略，卻最具影響力的隱性工具。

現代溝通心理學顯示，人在第一時間對說話者的信任感、情緒感受與注意力集中程度，往往來自聲音本身，而非內容本身。根據美國加州大學洛杉磯分校心理學家艾伯特．麥拉賓（Albert Mehrabian）的研究，當語言與非語言訊息不一致時，聽者對說話者情緒的判斷，有 55% 來自肢體語言、38% 來自聲音語調，只有 7% 來自文字本身。雖然這項研究有其特定應用情境，但仍凸顯語音的心理影響之深遠。

同一句話，語氣不同效果天差地遠

我們不妨從一個簡單場景開始。

某天下班後，朋友小瑜疲憊地踏進餐廳，見到已久候的室友阿辰，笑著說：「你早到啦！」語句簡單，但語調溫和、尾音略微上揚，透露出一種開心又略帶歉意的心情。而如果這句話換成另一種說法：「你早到了喔……」語氣平淡、聲調壓低，即使詞彙相同，聽者卻可能感受到不耐或被責備的情緒。這便是語氣的魔法：用同樣的語言，說出完全不同的心理訊息。

語調，既是語句的旋律，也是感受的導引。上揚的語尾常給人親切感，平直的語句則容易顯得距離冷漠，而不連貫的音高變化可能引發不安。這些變化不一定經過訓練，也不總是故意表現，但卻確實被對方捕捉到。試想你是否曾在一次會議中，聽某位同事報告時語音低沉又缺乏抑揚，你不自覺開始分神；相反地，另一位報告人聲音明亮有節奏，哪怕內容普通，你也能跟得住。這種差異，並非來自話語的內容，而來自「聲音帶節奏的能力」。

節奏與停頓，是被忽略的說服武器

節奏感尤其關鍵。一段話說得太快，容易讓聽者跟不上，造成壓力；太慢，又讓人感到拖延與不耐。許多演說家因此學會運用「停頓」作為強調的工具。心理語言學家認為，停頓是一種無聲的語言，它比語助詞更有力量。例如在公開場合說：「我們……做出了決定。」這句話中的停頓，反而比「我們已經做出決定」更具有戲劇效果與情緒暗示。

聲音三要素與調整建議

以下是一個簡要的聲音三要素影響整理表，協助你在日常說話中檢視自己的語音習慣：

聲音要素	溝通作用	常見效果	建議調整策略
語調（Intonation）	傳遞情緒與態度	熱忱／冷淡／挑釁等	調整語尾上揚／下降方式，避免單一語調
節奏（Pace）	引導理解與吸收	倉促／遲滯／焦慮	適度緩慢，重要處加停頓，營造清晰感
音質（Tone）	建立印象與信任	專業／粗魯／柔和	留意發聲共鳴區，避免鼻音、含糊或聲量不穩

語音表現，是可以訓練的

在聲音背後，是一種「心理習慣的反射」。人們在面對不同的場合與角色，會不自覺改變語調與聲音表現。心理學家蘇珊·坎恩（Susan Cain）在研究內向者的演講表現時指出，內向者若能掌握語音節奏與停頓技巧，往往能在有限的語言中傳遞更深刻的力量，而不需仰賴過度誇張的語氣。這說明了語音不是天賦，而是可訓練、可修正的策略工具。

你說的每一句話，其實都有一把聲音的鑰匙，開啟或關上理解的大門。下次說話時，不妨多聽一點自己說話的聲音——它正在替你傳達，比你想像得更多。

2. 一句話，三種說法，三種效果

話不是怎麼說，而是怎麼被聽懂

「你到底在不在乎？」這句話看似簡單，卻能在不同語氣下激起完全不同的對話結果。有時像是撒嬌，有時像是質問，也可能瞬間引爆衝突。語言的意義，不只是句子的內容，還包括它怎麼被說出口。語氣，是傳遞情緒與意圖的隱性編碼，聽者往往根據語氣來解讀對方的立場與情緒，而不僅僅是字面訊息。

心理語言學家保羅．艾克曼（Paul Ekman）曾指出，人腦對語音語調的辨識速度遠快於語意的處理時間，這意味著我們早在理解對方的話之前，就已經「感受到」他的態度了。這也是為什麼有些話「聽起來怪怪的」，即使邏輯沒問題，卻仍讓人產生防衛。

同一句話，引發三種情緒反應

讓我們來看一段真實改編的情境。

場景是週末傍晚，情侶小彤與子嶽正在準備晚餐，兩人各自忙著洗菜、切料，氣氛原本平靜。但在分工上，小彤略感不滿，於是她說出一句：「你可以幫忙快一點嗎？」

這句話，看似只是請求，卻因語氣不同而產生三種效果：

1. **語氣冷淡、略帶不悅**：「你可以幫忙快一點嗎？」

結果 —— 子嶽臉色一沉，覺得被責備，回話變得防衛：「我又沒偷懶……」

2. **語氣撒嬌、帶笑意**：「你可以幫忙快一點嗎～」

結果 —— 子嶽笑笑回應：「好啦好啦，等我五分鐘！」

3. **語氣疲憊、略顯委屈**：「你可以……幫忙快一點嗎？」

結果 —— 子嶽察覺情緒，主動關心：「妳是不是太累了？我來切就好。」

這樣的差異說明了：語氣，不只是情緒的出口，更是對方解讀你情緒的入口。溝通中真正有殺傷力的，往往不是說什麼，而是讓人感受到「你怎麼看我」的那種語氣。

理解語氣的三種解碼線索

聽者在面對話語時，會不自覺進行三種語氣「解碼」：

解碼面向	具體表現	情緒引發可能性
音高（Pitch）	語尾上揚或下降	上揚易被解讀為詢問或輕鬆，下降則可能顯得命令或冷漠
音量（Volume）	音量高低、穩定與否	忽高忽低易引起焦躁，穩定音量則帶來安全感
節奏（Tempo）	說話速度與停頓	快速語速帶來壓力，適當停頓則增添信任與理解空間

人際溝通中，我們經常忽略這些非語意訊號的影響力。特別在關係敏感時，語氣更像一把放大鏡，把原本微小的不滿、疲累或期待，全都放大成對方心中的解讀。

當語氣走偏了，如何修正？

當我們不小心用錯語氣，導致誤解或衝突時，最好的修正方式並不是「我不是那個意思啦」，而是直接調整語氣重說一次。像剛剛那句「你可以幫忙快一點嗎？」如果引起不快，我們可以說：「對不起，我剛剛口氣不好，其實我只是有點急，真的不是怪你。」

聲音的語調與節奏，是我們可以即時修正的工具。比起事後用文字補充或道歉，一句聲音裡真正柔軟的話語，往往更能挽回對話。

根據《語音學雜誌》（*Journal of Phonetics*）一項針對道歉有效性的研究指出，比起文字訊息，道歉若能結合低音調、放慢速度與清晰語尾，會讓對方感受誠意的機率提高42%。聲音，是溝通誠意的第一通道。

有情緒，不等於語氣要尖銳

許多人在情緒高漲時，容易認為「我很生氣，我講話尖一點很正常」。但其實，語氣尖銳未必能傳達情緒，反而容易失去溝通機會。試著在激動時先放慢語速、調低語調，會發現對方的反應可能完全不同。

情緒是真實的，但語氣是選擇的。我們無法控制他人的情緒感受，但我們可以選擇如何說，才能讓對話有機會走向理解，而不是誤解。

3. 語速節奏與主導權的秘密

節奏，決定了誰在掌控對話

一場對話中，誰在主導，不見得取決於職位、話語量或音量，而往往藏在語速、停頓與語句節奏裡。節奏穩定的人，更容易讓人跟上節拍、接受觀點，也自然展現掌握場面的氣場。語速過快容易讓人感受到壓力與焦慮；語速太慢，則可能讓聽者懷疑說話者的自信與清晰度。而當一個人能夠掌握「什麼時候該快、什麼時候該慢、什麼時候該停下來」時，聽眾就會開始自然而然跟隨他的節奏，也就建立起無形的主導性。

研究顯示，人在接收口語資訊時，對語速與段落結構的節奏特別敏感。根據《語音學雜誌》中的一篇實驗報告指出，語音中的節奏與停頓安排能夠顯著提升聽者的理解力與記憶表現，尤其當說話者能將訊息分段、搭配適度留白時，會讓人感受到條理分明與可信任。

這種節奏操作，學界稱為注意力節點調控（attention pacing），意指透過語言的節奏安排，引導聽者集中注意力於關鍵句點。簡單來說，節奏不是自然流露，而是一種可以刻意練習、進而精準控制的說服策略。這樣的節奏感，無須提高音量或語速，也能創造「你在掌握局面」的感受，讓聽者願意跟著你走，而不是搶著說。

說得快，不代表你掌握了場面

來看一個在工作場域中極為常見的對照情境。

會議中，資深主管 Kevin 與新加入的行銷企劃 Mia 分別做簡報。Kevin 節奏穩定，話語不疾不徐，關鍵句前會做短暫停頓，再接上重點：「我們，必須在這個月，完成 A ／ B 測試。」簡潔有力。

相較之下，Mia 雖然資料充分，卻語速過快、幾乎沒有段落停頓：「我們其實有四種提案但因為時間不夠所以我先講第一種那它其實分三個階段……」五分鐘內說完大量內容，卻讓與會者抓不到重點、無從追問。

會後主管只記得 Kevin 的關鍵結論，卻對 Mia 的內容一頭霧水。Mia 納悶地說：「我不是比較詳細嗎？」── 是的，但節奏沒有給聽者「吸收與反應」的空間，她的話語變成資訊洪水，而非節奏引導。

這正是說話主導權的核心所在：不是你說多少，而是聽的人是否跟著你節奏走。

停頓，是語言裡的「無聲掌控」

真正有經驗的說話者，會刻意安排停頓。這些停頓不是遲疑，而是刻意創造「空白」，讓重要訊息被感受到。例如，當你在說：「我們的下一步……將決定這場合作是否繼續。」這個「……」的瞬間，觀眾會自動專注，因為節奏預告了「重點即將出現」。

以下是一個簡單的說話節奏掌控對照表，協助你釐清自己的語速風格與調整策略：

說話節奏型	常見表現	傳遞印象	調整建議
過快型	一口氣說完、少停頓	焦慮、沒條理、缺乏安全感	加強短句停頓、使用過渡語銜接段落
過慢型	語速過緩、語句破碎	不確定、無能感、拖延印象	強化語句流暢性、增加語意連貫詞
均衡型	語速適中、段落有節奏	穩定、自信、掌握感	可進階使用「留白停頓」與「重點放慢」

節奏，是一種讓人「感覺你有把握」的溝通氛圍營造。當說話者節奏穩定、適時停頓，就能建立起掌控場域的氣場，無需音量提高、語氣尖銳，也能讓人自然而然聽進你說的話。

節奏感，也是一種社會直覺

許多人以為，說話的主導權來自說得多、音量大或職位高，但實際上，真正讓人感受到掌控力的，往往是語速與停頓的安排。語速太快，可能讓聽者產生壓迫感；語速過慢，則容易令人不耐；而那些真正具有影響力的溝通者，往往懂得掌握節奏，在恰當的時刻放慢語速、適時停頓，使聽眾自然地「跟上來」，進而形成對話的節點節奏（rhythmic pacing）。

這不只是話術，更有語言學研究的實證支持。1975 年，語言學家弗朗索瓦．格羅斯讓（François Grosjean）與阿蘭．德尚（Alain Deschamps）在瑞士發表了一篇名為〈英語與法語時間變項的對比分析：語速、組成變項與猶豫現象〉的研究，深入探討兩種語言在語速與節奏特徵上的異同。他們指出，說話過程中的語速變化、停頓安排與猶豫現象，不僅構成語流的節奏，也實質影響聽者對語意的處理效率與認知負荷。

換句話說，當說話者能夠依據語意邏輯將句子斷為節點、適時加入間隙與停頓，就能幫助聽者在語音洪流中更容易建立理解框架、減輕訊息處理壓力。這項研究不僅為語音節奏的「結構性功能」提供了早期佐證，也強化了節奏在語言清晰度與溝通掌控力上的雙重價值。

簡單來說，說話的節奏感，既是邏輯組織的呈現方式，也是一種社交線索。它默默地在告訴聽者:「我知道我在說什麼，也知道怎麼讓你聽懂。」

4. 如何培養語氣敏感度

聽出語氣的情緒細節，是一種溝通本能

大多數人學會說話後，便把注意力集中在「說什麼」，卻很少真正訓練「聽怎麼說」。但在實際的人際互動中，語氣才是真正藏著情緒、意圖與人際關係轉變的地方。要提升說話的掌握力，第一步往往不是「說更好」，而是「聽得更準」。

有些人擅長察覺語氣細節，能從朋友一句「我沒事啦」聽出對方其實並不如表面輕鬆；也有人覺得對方明明語句平穩，卻總感覺背後藏著壓力或不耐。這些感受，來自於對語氣的敏感度。它不是天生的能力，而是可經由訓練逐步建立的溝通覺察。

一句話的弦外之音，往往是語氣說的

試想以下對話：

——「你今天怎麼那麼早回來？」

同樣的文字，透過不同語調的停頓、強調、尾音上揚或壓低，會產生完全不同的解讀。一句話可能是關心、可能是試探，也可能是責備。而聽者若無法辨識語氣的細微差異，就容易在第一層話語之外，錯失真正的訊息。

日常生活中，我們太習慣「聽懂字面意思」，卻忽略了語氣與情緒之間的暗號。培養語氣敏感度，其實是在學會辨認這些非語言訊息，像是：語尾拉長是否代表不確定？語速加快是不是壓力上升的訊號？音調忽高忽低是不是情緒不穩的表徵？

三種語氣訊號，最容易透露情緒變化

從觀察中累積經驗，是提升語氣辨識力的有效途徑。以下是最常出現在日常對話中、值得特別留意的三種語氣變化形式：

語氣訊號類型	描述方式	常見情緒徵兆
語速變化	說話速度忽快忽慢、不穩定	緊張、壓力、焦躁、回避
音量起伏	忽然提高或壓低聲音音量，與原本語境不符	壓抑情緒、憤怒、試圖控制局勢
語尾轉折	語句最後拉長、突然下降或乾脆結尾	疲倦、不確定、隱忍、不耐煩

像是在親密關係中，一方若習慣用「沒關係啦」來結束話題，有時真正的意思不是原諒或釋懷，而是無力繼續說下去。如果我們只聽懂字面，卻沒聽懂語氣，就可能錯失一次理解對方的機會。

練習從他人開始，才能提升對自己的覺察

想培養語氣敏感度，最好的練習場不是書本，而是日常生活。可以從觀察朋友、同事或親人講話時的語氣著手，記錄當下他們聲音的速度、語尾的語調、音量的變化，再對照當時的情緒背景，累積自己的語氣判讀經驗。

當你習慣「聽見別人的語氣」，也就比較能察覺「自己在什麼時候語氣會變」。語氣是一種情緒與認知的鏡像，反映我們當下的心理狀態。當你開始有能力自覺「我現在說話太快了，可能是因為焦慮」，就等於掌握了語氣主動調節的第一步。

語氣的辨識，不是為了察言觀色，更不是操控他人，而是一種對人際情境更細膩的體會力。當你開始聽得見語氣裡的細節，也就更能在關係中走得穩、說得深。

5. 聲音與說服的心理學

聲音，不只是載體，更是訊息本身

許多人以為說服力取決於詞彙的選擇或論點的架構，卻忽略了：說話的聲音本身，就已經是一種影響力。不論在演講、談判或日常溝通中，說話者的聲音會直接觸動聽眾的情緒、注意力與判斷傾向。當語調穩定、音色沉著、節奏掌握得宜時，即便內容平實，聽眾仍可能產生信任感與願意傾聽的心理反應。

根據美國史丹佛大學行為研究中心的觀察，聲音的音高、語速與音色是影響說服效果的三大要素。這些非語言訊號經常在無意識中就對聽眾產生影響，而這種心理作用，也往往比言詞本身來得快與深。

名人的聲音，不只是說話，更是設計

我們可以從幾位風格鮮明的知名人物中，具體感受聲音的心理說服力。

1. 巴拉克・歐巴馬（Barack Obama）
—— 沉穩節奏與低音磁性

歐巴馬的公開演說中，最大的特徵是語速適中、語調穩定且音色低沉。他擅長使用短句結構與語意停頓，每個段落之間都保留足夠的留白空間，讓人有「每句都值得聽」的錯覺。當他說出「Yes we can」這樣的句子時，音調緩緩上升，語氣堅定，讓人感受到鼓舞卻不強迫的力量。

2. 賀錦麗（Kamala Harris） —— 語調變化與堅定節拍

美國副總統賀錦麗的語音風格，則偏向明快清晰。她善於在強調立場時提高音量、略加加速語速，讓句子尾段帶有力量與節奏感。例如在 2020 年副總統辯論中，她一句「I am speaking.」語速放緩，語調略升，構成一種簡短卻不可質疑的語氣，展現出自信與底氣。

3. 安格拉・梅克爾（Angela Merkel）
—— 節奏穩定與語氣克制

德國前總理梅克爾的說話方式，不走鼓動路線，她的低音區域穩定，語調保守，給人理性與可預測感。雖然情緒表達低限，但這種語氣反而在危機中提供安定的訊號。在 2015 年歐洲難民危機中，她簡潔地陳述：「Wir schaffen das（我們做得到）」時，並未高亢激昂，卻讓大眾從平實語氣中聽見決斷與信念。

這些例子說明：**聲音不是附屬品，而是風格的延伸與個人立場的延展**。說話風格與語音選擇其實是可以被設計、訓練與強化的，就像寫作一樣，是可以磨練的技能。

爲什麼聲音會讓人信任？

心理學上早已發現，人類在處理語言之前，會先處理聲音的情緒訊號。這是演化上的產物：聲音的節奏與頻率，會被腦部邊緣系統（limbic system）優先解讀為安全或危險、友善或威脅。這也解釋了為何我們經常在「聽見內容」之前，就已經對一個人產生好感或排斥。

以音高為例，偏高的聲音若與語速過快結合，常被聽覺系統解讀為焦慮或緊張；相反地，低音區域搭配穩定節奏則會被認為更有自信與可信度。這種聯想不只是情緒判斷，也影響實際行動——像是政治支持傾向、產品購買意願，甚至面試中的錄用率。

一項刊登於《人格與社會心理學期刊》（*Journal of Personality and Social Psychology*）的實驗研究指出，僅根據聽聲音來判斷陌生人的領導潛力時，受試者更傾向信任聲音低沉、節奏穩定且停頓適中的說話者。這意味著：我們不只是在「聽內容」，我們其實是在「感受態度」。

聲音不是天生的，說話風格可以練出來

聲音風格並非天賦，很多人的說話方式其實來自無意識模仿與生活習慣。然而，這也表示：只要經過練習與調整，每個人都能打造出更具說服力的語音風格。

以下是幾個可作為參考的練習策略：

練習方向	操作方法	訓練目的
減速練習	每句話結束處留 1 秒停頓	增加清晰度與重點感
音域探索	用錄音方式找出最自然的發聲區	穩定語音表現、避免音色飄忽
語調模仿	選擇一位風格清晰的演說者模仿語調節奏	觀察並理解語氣與內容如何搭配

這些技巧，目的並非讓每個人變得「一模一樣」，而是幫助說話者找到最適合自己、又能傳遞清晰訊息與穩定情緒的聲音節奏。說話的聲音，其實就是你思想的聲波地圖。

你怎麼說，別人就怎麼感受你。

6. 聲音訓練與語氣調整的練習法

會說話，也要會「練聲音」

多數人學說話時，著重在詞彙與文法；但在實際溝通中，決定你是否被信任、是否有掌控力的，往往不是你說了什麼，而是「你怎麼說」。聲音，是說話的外衣，是情緒的載體，也是影響對方理解、感受與回應的關鍵。

好消息是：聲音表現並非天生固定，它是可以被訓練與調整的。就像肢體語言可以被覺察並修正，語氣、音量與節奏，也能透過日常練習慢慢建立出「讓人聽得下去」的聲音。

但聲音訓練不是模仿配音員，也不是讓自己講話變得刻意；真正有效的語音訓練，是讓你能在不同情境下，自然切換語氣，並穩定地展現自己。

三種語氣調整法，讓你穩住溝通節奏

在實務訓練中，我們常從「調節式練習」開始，也就是讓說話者學會根據場景與對象，調整語氣的強度、節奏與情緒密度。以下是三個常用的語氣調整練習，適合在各類說話場景中套用：

練習方法	操作方式	適用場景	目的
降速＋留白	每完成一個句子後停頓1秒，控制語速約平常的80%	演講、簡報、協商	穩定情緒、建立清晰感
提音＋收尾	在句首提高音量，在句末微收語尾音調與速度	表達立場、談判中斷點處	增強主導性與結論感
重複＋換語氣	同一句話以三種語氣說出（友善、平鋪、堅定）並錄音對比	人際關係、衝突處理	練習語氣辨識與調整彈性

這些訓練重點不在於「練得完美」，而在於建立對自己聲音的覺察感。你會開始發現：同一句話，只要語氣一變，整段對話的氛圍就可能翻轉。

聲音調整如何改變結果

讓我們看一個簡單但真實感十足的情境。

公司內部討論中，資深設計師梓軒對案子的方向感到猶豫，他說：「我只是覺得這個主視覺，好像有點複雜……」語速偏慢，語尾下滑，語氣也顯得閃躲。團隊聽完後並未正面回應，因為聽起來「只是個感覺」，不像正式的意見。

換個場景，當他稍微訓練後，以新的方式提出同一句話：「我想指出一點，這個主視覺有點複雜，可能會影響閱讀效率。」這次他語速平穩、語尾收斂、語氣中帶有輕微強調。團隊成員隨即正視這項觀察，也更願意討論調整方案。

差別不是語言內容，而是語氣所帶來的態度與可信度轉換。這就是聲音的心理說服力在現場的即時展現。

為什麼要學會「換語氣」而不是「固定語氣」

有些人會誤以為，只要練好一種說話方式就萬無一失，例如把語速放慢、語氣放柔，或固定用高亢語調表現熱情。但現實溝通中，聲音的力量來自靈活，而不是一致。

與主管匯報時，你需要條理清晰與節奏穩定；面對客戶質疑時，你可能需要提升音量、語氣堅定；而在私下關懷同事或親人時，則要讓語調柔和、速度放緩。真正掌握語氣的人，不是只有一種聲音，而是能有選擇地切換聲音的人。

我們可以把這種能力稱作「語氣調度力」。它不是戲劇表演，也不是做作，而是溝通中的策略靈敏度 —— 用正確的聲音，讓對方聽見你真正要說的話。

每個人的語氣練習路線都不同

最後要提醒的是：練習語氣調整，不需要一開始就做到標準化，更不必與他人比較。聲音是很個人的，它來自你的身體、情緒與過去經驗。你可能有偏高的音色、自然的語速較快，這都無妨，關鍵是：你是否能覺察、選擇並調整到適合你想表達的樣子。

最實際的做法，是從熟悉的場合中開始練習。下次參加會議、與朋友聊天、或是自己錄音自說自話時，刻意觀察一下你的語速、語調與停頓模式，問自己：「我這樣說，是我想傳達的感覺嗎？」

語氣的調整，不是為了變得不自然，而是為了讓你說的話，更貼近你真正想說的東西。說話不是裝模作樣，而是選擇一種能讓彼此靠近的聲音方式。

第五章

說話要看對時間與空間

1. 同一句話，不同場景結果差很大

說話，不只是說什麼，更是說在哪裡

我們時常以為，說話的效果取決於用字遣詞、語氣態度，卻容易忽略另一個關鍵變因：場景。人與人之間的互動並不是在真空中進行的，語言也不是獨立運作的資訊載體。你在哪裡說話、對誰說、在什麼狀態下說，會深刻影響話語的接收方式與結果。

語境（context）之於語言，就像溫度之於水，它不會改變水的本質，但會徹底改變水的狀態。同樣一句話，在職場、家中、餐廳或醫院講出來，所引發的情緒反應與理解路徑，可能截然不同。而說話技巧真正的成熟，不在於語句有多漂亮，而在於能否因地制宜、因人調整。

一句話，三種反應

來看一段具體範例：

這句話：「你可以不要這樣嗎？」

同樣的七個字，在不同情境中，會造成完全不同的情緒與結果。

說話場景	話語語氣	接收效果
會議室中，同事回應你的提案時插話	語氣壓抑、低聲說出	聽起來像是隱忍的不滿，可能造成場面尷尬、對方防衛
情侶吵架時，你語速加快、語調提高	急促、生氣	被解讀為責備，激起更多爭執
餐廳中，小孩用手抓桌上的糖果，你溫柔說出這句話	緩慢、語尾上揚	傳達規範與關心，小孩可能立即收手，情緒仍安穩

你說的話沒有變，但情境變了、語氣變了、角色關係變了，理解就變了。**這不是文字的問題，是語境的效應**。

心理語言學家凱瑟琳・斯諾（Catherine Snow）曾指出，孩子學習語言的早期，就會根據不同場景調整說話方式，這顯示語言理解從來都不是中性的，它總是與社會線索、關係結構、情緒氛圍緊密相連。

爲什麼我們容易忽略語境？

說話者常有一種錯覺：「我說了，就等於你懂了。」但實際上，語言的「效果」從來不只取決於「輸出」，而是建立在「互動關係」與「場域條件」之上。以下是常見的語境忽略誤區：

誤區類型	行為描述	結果風險
把私語帶進公領域	私人玩笑或情緒語在會議中脫口而出	被誤解為不專業或攻擊
把職場語帶進私人場合	對伴侶說「我們需不需要釐清這個流程？」	對方覺得被命令或疏離
用錯權力語氣	對上司說「我覺得你那樣不對」	即便有理，也可能引發對立防衛

當我們無意識將某種語言風格「套用」在所有場域，常會不知不覺犯下關係上的錯。這不是因為你不會說話，而是你還沒學會切換語言的使用場。

說話的「轉場意識」

說話時的「轉場意識」是語言實踐的高階能力。它要求我們先觀察當下情境，理解角色關係、氛圍溫度與空間性質，再決定該用什麼節奏、什麼詞彙、什麼句式進入對話。

這種能力，其實很多人早已內建——你不會用跟朋友講八卦的語氣跟醫生說明病情，也不會在陌生面試官面前開玩笑講髒話。問題是，有些場景的界線不明，才更需要刻意訓練判斷。

例如，在工作群組裡講一句「你那個進度還沒給我」，和面對面說「有什麼我可以幫忙的地方嗎？」即使目的相同，情境不同、格式不同，語言的衝擊力與回應機率也截然不同。

當你越能「調準語言頻率」，就越能減少誤解、提升被理解與被接受的可能性。

語境轉換，是說話最容易忽略的力量

說話的力量，從來不只是「說得好」，而是「說得剛剛好」—— 在對的時間、對的地方，用對的方式說出心中所想。

當我們學會用情境思維來看待語言，就會明白：你不是不會說話，而是你說對話了，但放錯了地方。

而本章接下來五節，將分別進入幾種典型語境：職場、私人關係、公開應對、衝突場面，並提供具體可練習的語言策略。你將看到，每一種說話的場合，都有它獨特的轉場節奏與心理密碼，學會辨識與調整，才是成熟說話者的真正起點。

2. 職場說話的五大轉換原則

一句話，在職場會產生連鎖效應

職場說話不是單向的資訊輸出，而是一種精密的社交互動。你說的每一句話，都不只代表你個人，更代表你的角色定

位、任務焦點與團隊協作狀態。語氣過強，可能被視為挑戰權威；語氣過弱，又可能喪失主導力。

職場裡的說話，不只是表達，而是策略。而策略的關鍵在於——切換得宜。

所謂「轉換」，不是變來變去，而是能根據角色差異（上下同僚）、目的差異（提案、回饋、協調）與場域溫度（公開或私下）來調整語言形式。以下是職場中最常見、也最具實用價值的五種說話轉換原則：

原則一：從「我覺得」到「我們可以」

這是初入職場者最常遇到的第一道坎。很多人習慣說「我覺得這樣比較好」、「我想可能可以試試看」，這樣的語言雖然誠懇，但在職場語境中會顯得缺乏立場與具體性。

試比較以下對照：

弱語氣說法	轉換後說法
我覺得我們可以試試這個方向	我建議我們在這一階段採用 A 方案，它的執行效率較高
我想這樣可能比較好？	這樣的處理方式更有利於資源分配，建議採行

把「我覺得」轉為「我建議」、「我們可以考慮」，不只是詞語上的微調，而是把焦點從個人感受轉為任務導向與行動指

向。這樣的語氣讓主管更容易回應，也顯示你已開始從執行者邁向思考者的角色。

原則二：提案語言要有「選項與理由」

很多人在提案時會犯一個錯 —— 直接給答案，卻沒給邏輯與選擇空間。在組織中，「提案」並不是提出正解，而是提供決策依據。聰明的說話者會這樣架構提案語言：

- **起點**：我們現在面臨的情況是……
- **選項**：目前有兩種做法……
- **理由**：我建議採 A，因為……
- **保留空間**：若未來情況變動，B 也可作為備案

這種語言架構具備三個優點：

1. 預告問題（讓主管知道你有判斷力）
2. 明示邏輯（讓人信服你有思考過）
3. 給出空間（讓對方有選擇而非被迫接受）

你不需要用詞華麗，但要讓人感受到你有準備、有條理、有彈性。

原則三：主管回饋時，要抓住「框架詞」

回饋，是職場中最具壓力的語言場域之一。無論你是回應下屬，還是向主管說明進度，都不能只是事實陳述，而要提供

可回應的框架。

什麼是「框架詞」？簡單說，就是幫對方建立解讀你的語言的方式。舉例：

- 「我目前採取這個策略的邏輯是……」
- 「目前的結果還不理想，我認為可能有三個變因……」
- 「這不是推卸責任，而是我希望讓您知道實際的困難點……」

這些話不是多此一舉，而是降低誤解、增加信任的前置說明。主管不是預言家，他們也需要理解你說話的角度與用意。適時框架，可以讓對話不陷入「你是不是在狡辯」、「你是不是太自信」這類無謂猜測。

原則四：公開會議用語要「收斂」，非「過招」

會議場域是職場中語言風險最高的地方。你的一句話，可能同時被同事、主管與跨部門人員聽見，若語氣過於強勢、語句過於挑明，容易引起不必要的對抗感。

因此在公開場合，更需要善用收斂式語言（hedging）來建構你說話的邊界。例如：

- 「這個方向不一定是唯一解，但有參考價值」
- 「我這邊初步判斷是這樣，也開放大家補充」

「我們可以用這個邏輯先走一次試驗看看」

這些語句的力量不在於「保守」，而在於「可協調」。它讓你有立場，也保留他人意見的空間，是高成熟度的會議語言風格。

原則五：錯誤發生時，語言要「穩」而非「急」

面對錯誤時的回應，是最能看出一個人職場溝通力的時刻。此時語言的轉換不在於技巧，而在於心理節奏的調整。常見錯誤是「急著撇清」或「急著承認」，都會造成信任斷裂。

真正穩定的職場說話者，會用這樣的節奏進入：

1. 描述事實（去情緒化）

「目前的問題出現在交接流程不一致……」

2. 承認責任（具體、有限範圍）

「我在這部分疏忽了核對細節」

3. 主動補救（行動取向）

「我已經擬好補強機制，預計今日內完成」

這樣的說法，能讓錯誤成為判斷力的展現，而不是破壞信任的起點。

說話是職場最被低估的戰力

在組織裡，你的能力常常是透過「你怎麼說」來被理解的。

不是每個人都能直接參與你的努力，但幾乎每個人都在聽你怎麼描述、怎麼回應、怎麼提案。

說話，從來都不是附屬技能，而是你在職場中立場、信任與影響力的核心管道。學會這五種轉換，不只是讓你少犯錯，更是讓你被看見、被信任、被跟隨的第一步。

3. 私人關係的說話風險與緩衝

最親近的人，往往最難好好說話

我們經常在職場小心翼翼地措辭，在社交場合懂得言語分寸，卻偏偏在最親密的關係中，說話變得最隨意、最無防備，也最容易失控。伴侶之間的冷嘲熱諷、家人間的情緒爆發、好友間的誤解衝突，許多都不是因為事情本身難解，而是因為「話說錯了」。

親密關係中的語言，帶有高度的情緒承載力與期待投射。一句話不只傳遞訊息，更可能觸碰對方的敏感、自尊與信任感。因此，私人關係中的說話，與職場語言最大不同在於——你不是在傳達意見，而是在處理關係本身。

這也代表：語言的失誤，會造成遠大於其他場景的情感傷害；但語言的修復，也能讓關係產生更深的理解與連結。

親密不代表可以無界

「我們都這麼熟了，還需要注意說話嗎？」這句話的背後，是一種常見的語言誤區：將親密視為免責權。

實際上，關係越近，語言邊界越重要。因為熟悉讓語氣中的細節更容易被放大，也讓未說出口的期待變得更強烈。

來看以下兩種情境差異：

說話場景	原始語句	可能效果
情侶討論聚餐計畫	「你怎麼每次都這麼難約？」	被解讀為指責、否定，導致對方防衛或冷回應
改為緩衝語氣	「我真的很想跟你吃頓飯，最近時間都不太對得上，我有點在意。」	傳達情緒但不指責，開啟對話空間

語言邊界不代表壓抑情緒，而是透過選詞與語氣保護情感接收的界線，讓對話不因一時情緒而傷及信任根基。

情緒緩衝技巧

親密關係中的語言風險，往往來自「反射式回應」——你不是真的想傷人，但你在情緒上來時沒有緩衝。這時，語言不是表達工具，而是爆炸的媒介。

要避免這種情緒直衝的語言風暴，最實用的策略是：設計「緩衝句型」作為翻譯帶，先翻譯自己的情緒，再進入主題。例如：

- 「我現在有點混亂，但我想先說出我的感覺」
- 「我知道你沒惡意，可是我聽到的時候心裡有點刺」
- 「我有點怕我講了你會誤會，但我還是想試著說清楚」

這些話不是在修飾，而是在幫助彼此進入一個可溝通的狀態。緩衝語句的力量，不在於稀釋情緒，而在於延遲誤解。

一句話，關係走岔或走近

讓我們來看一個真實改編的情境故事。

阿寧與她的母親感情一直緊密，但隨著她搬出家中後，兩人互動開始有些摩擦。有次電話中，母親語氣略帶不悅地說：「妳最近是不是很忙？怎麼都沒主動打給我？」

阿寧當下感到壓力，語氣不耐地回：「我不是每天都有空，而且妳也可以打來吧？」話一出口，電話另一頭沉默了幾秒，隨即傳來一句：「那沒事了，先這樣。」

這是一種經典的語言岔路 —— 本意可能只是解釋，但語氣夾帶情緒，讓原本可以安撫的對話，轉為雙方都不舒服的結尾。

事後她懊惱地想，如果當時這樣說會不會更好：「媽我知道妳在意這個，最近真的有點忙，但不是不想聯絡，妳願意體諒我一下嗎？」

一句話改變不了關係，但語氣與設計，能為關係爭取一次理解的機會。

私人關係語言風險辨識

高風險語言型	特徵	建議替代語氣
反射式指責	「你怎麼又……」	「我好像對這件事有點在意，我們可以談談嗎？」
疲勞性冷處理	「隨使你啦」	「我現在有點累，可是我還是想理解你在想什麼」
偽善式否定	「我又沒說你錯」	「我不是想否定你，我只是希望我們能想法對齊一點」

親密說話的核心，不是修辭，而是讓情緒有出口、讓關係有餘地。

親密不是語言免責，而是語氣責任

在最親近的人面前，我們確實可以放鬆，但不能忘記：關係再穩，也經不起長期的語言刺傷。

學會緩衝語句、界定語言邊界，讓情緒被說出但不傷人，讓話語有空間也有深度 —— 這不只是說話技巧，更是一種關係的修養。

當我們願意調整語氣、設計句型、減緩情緒的衝撞，就等於在每一次對話裡，為關係加上一層緩衝氣墊，說得下去，也走得下去。

4. 簡報、面試、社交應對的語言策略

公開場合，語言背後的壓力更大

在簡報、面試與社交應對這三種公開語境中，我們面對的並不只是對話對象，更是一整個場面、一種社會期待。此時，說話不再只是內容輸出，更是一種「現場表現」—— 人們不只聽你說什麼，也看你怎麼說。

與私下對話不同，公開語境裡的語言常常背負著三種隱形

壓力：

1. **表現焦慮**：怕講不好、怕冷場、怕出錯

2. **社交評價**：擔心被低估、被忽視或留下負面印象

3. **身分揭示**：言語間不小心暴露自己「不像那個位置的人」

這些壓力會讓說話變得緊繃，進而失去節奏、失去主軸，甚至讓本來已準備好的內容變得支離破碎。因此，與其追求完美演出，不如先理解這些語境中的壓力機制，再用對應策略設計語言表現。

從「資訊輸出」轉向「節點設計」

簡報不是在講完一段內容，而是要讓聽者「跟得上節奏、記得住重點、願意跟進行動」。真正有效的簡報說話策略，關鍵不在於講得多，而在於「怎麼安排節點」。

來看以下兩種簡報句式對比：

弱版表達	節點化說法
這部分其實蠻複雜的，我們用了一些參數去跑資料……	這段資料分析，我想請大家抓三個重點：第一、參數設計；第二、樣本來源；第三、結果趨勢
所以整體來說，我們這樣做是有道理的	結論整理一下：這樣的設計能提升準確率，同時兼顧成本與速度

所謂「節點設計」，就是把說話內容分段、定義、引導，讓聽眾有心理預期、有空間消化。建議在簡報中每 3 至 5 分鐘就主動做一次小結、轉場或提問，重啟聽眾注意力，這樣不僅展現條理，也能在無形中建立主導力。

語言要能顯現「準備過」但不「背稿感」

面試是一種極度單向、瞬間評價的語言場景。你需要在短時間內說出讓對方信任、認可與期待的語言，但又不能顯得誇張或不自然。

最常見的面試語言失誤有兩種：

1. 全然即興，語意破碎，重複用詞

2. 過度準備，語調生硬，有「背答案」感

要破解這個難題，關鍵在於語句設計要具備「可連接」與「可延伸」的節奏感。例如：

被問到「你如何看待自己在團隊中的角色」時，好的回答不是標準答案，而是這種句型：

> 「我習慣先觀察團隊中誰是主要決策者、誰是溝通橋梁，我多半會選擇補位那個需要協調但沒人願意做的位置。像上次……」

被問到「你如何處理壓力」時，不妨這樣說：

「我自己有兩種方法，一個是拆解行程，一個是刻意留喘息點。如果可以，我很樂意舉個例子……」

這樣的回答有幾個特色：

1. **語氣自然**（不是背稿）

2. **節奏清楚**（有「第一、第二」）

3. **開放延伸**（願意補充細節）

面試語言要能在短時間內展現你「有準備但不是被設計出來的人」，這是語感與心理的雙重建設。

關鍵不在話多，而在「好接」

許多人以為社交場合要「話題充足」，但真正讓人願意與你互動的語言特色，其實是「好接話」。也就是說，你講的內容讓對方容易延伸、不被逼答、不陷入尷尬。

來看一個日常對比：

社交冷場句	好接話語句
「最近好像沒什麼特別的事情」	「最近多了一個小習慣，開始聽早上的新聞 Podcast，意外還蠻沉靜的」

社交冷場句	好接話語句
「你怎麼看現在這種工作市場啊？」	「我自己最近在想，工作是不是得靠邊緣技能才能穩住，像我開始學 Notion 整理流程，你呢？」

社交語言的難點在於：你既要說點什麼，又不能逼對方說什麼；你要傳達真實，又不能失去彈性。這時最實用的技巧是「語言開口保留餘地」，例如：

- 「我不確定這樣是不是怪怪的，但我最近開始……」
- 「也許只有我會這樣想啦，不過……」
- 「這可能有點廢話，可是我很好奇……」

這類句式讓對話多了安全感與可接性，避免對方覺得被評價、被挑戰或被迫進入立場戰。

高壓語境中的語言，必須兼顧設計與呼吸

簡報、面試與社交，三種場合的共同挑戰在於：你不只是說話，你還要調節現場的心理張力與互動節奏。

因此語言不只是內容編排，也是一種節奏安排與心理建設。你必須練習的不只是「怎麼說對話」，更是「怎麼讓這段話，被接得住、被記得住、被願意回應」。

說話，是讓他人進入你世界的邀請。而在這三種公開語境中，邀請若能說得有節奏、有空間、有餘溫，才會真正被接受。

5. 衝突發生時，語言該如何轉向？

衝突升溫的第一現場，就是語言現場

當情緒升高、立場對立時，語言往往成為第一個被捲入的戰場。一句回嗆、一個質疑，甚至只是聲調的上揚，就可能點燃本可避免的對抗場面。多數衝突並非起於不可化解的觀念分歧，而是起於一句「不該這樣講的話」，或一種「沒有考慮到當下氣氛的語氣」。

語言本來是溝通的橋梁，但在衝突中，它很容易變成武器。但也正因如此，如果你能夠在關鍵時刻說出能轉向的語言，你就能把一場可能失控的爭執，轉為一次更深層的理解機會。

降溫語言的第一要務：重設對話節奏

面對高張力情境，我們第一個反應常是急於「說清楚」，但這種直衝式語言往往會推高緊張。此時真正需要的，不是更有力的話語，而是「慢一拍」的語言節奏調整。

試比較這兩組回應：

衝突加劇語句	降溫轉向語句
「我早就說過你這樣會出問題！」	「我理解你當時很急，我們一起看怎麼補強比較好。」
「你每次都這樣，不累嗎？」	「我知道你有你的想法，我們可以先緩一下再討論嗎？」

這些語句的核心不在於是否退讓，而在於語氣緩和、節奏拉開、態度保留空間。讓對方先從情緒退場，再進入理性對話，是降溫語言的第一功能。

心理學家馬歇爾．羅森堡（Marshall Rosenberg）在〈非暴力溝通〉（*Nonviolent Communication*）理論中指出，對抗語言會讓人進入自我防衛模式，而緩衝語言則能打開理解與修復的可能性。

尊重式反駁：立場不同，但不踩對方

衝突不是都要避免，有時我們確實需要表達不認同。但語言的藝術在於：你可以堅持立場，但不必同時傷人自尊。

這就是所謂的「尊重式反駁」（respectful disagreement）。它的語法結構多半包含三個要素：

1. 承認對方觀點存在的合理性

2. 標示自己的觀察或經驗

3. 引導可能的替代觀點或提問

範例如下：

- 「我理解你看法的背景，但我這邊觀察到的情況有點不同，我們是不是可以看看另一個角度？」
- 「我知道這對你很重要，我的意見可能有些不一樣，但我希望是為了讓我們有更完整的討論。」

尊重式反駁不是「偽裝同意」，而是一種用心讓對方留下臺階的異議表達方式。它讓我們有機會「拆彈」，而不是再丟一顆新的。

衝突後的語言修補

當衝突結束，雙方心情仍懸在空中，這時候的語言，不是為了贏回對錯，而是為了修補信任與互動的節奏。

許多人習慣用「算了啦」或「對不起我剛剛太激動」，但這種處理往往太薄弱，無法真正止血。真正的修補語言，應包含三個功能：

1. 辨認情緒與原因

「我剛剛其實有點著急，因為我們的時間快來不及了。」

2. 承認影響與關係

「但我說話語氣確實太衝，讓你不舒服了，我看見了這點。」

3. 留下對話尾巴

「我不希望這件事卡在我們中間，如果你願意，我們找時間再好好談。」

這樣的修補話語，不只是表達歉意，更是一種心理復位。它讓對方知道你「有覺察、有責任感、有修復意圖」，也為關係提供再次連線的可能。

一句話如何讓衝突止步

來看一個改編自職場實例的場景：

行銷部門正進行年度預算檢討，主管 Lena 在會議中語帶不耐地說：「妳這個提案數據根本不夠支撐，怎麼能報上去？」

新進專員 Zoe 瞬間語氣上揚：「但我花了三週做這個案子，怎麼可能不夠！妳是都沒看嗎？」

會議氣氛瞬間冷凍。就在同事們開始感到尷尬時，Lena 收了語氣，回應說：「我知道妳投入很多，我的語氣剛剛太急了，不是針對妳，是我焦慮整體進度。我們可以一起來補強數據。」

這句話當場化解了緊張。Zoe 沉默幾秒，點點頭說：「那我下午前補一份數據摘要，再請主管幫我看一下。」

這不是情緒戲劇化地翻轉，而是語言中留出了情緒回旋與責任互看的空間。在衝突後的一句「我們可以一起」比任何道歉都更具實質修復力。

語言是情緒的節點，也是理解的轉向

衝突中的語言，不該只是語言藝術的考驗，而是人際智慧的試煉。你是否能用語氣減壓、用句型轉場、用語言回到關係本身，將決定這場衝突會是傷痕，還是深化理解的契機。

每一次情緒高張的瞬間，都是一次選擇機會 —— 你可以反擊，也可以重設；你可以壓制，也可以讓彼此下臺。語言，不只是一種表達，更是一種責任。

當你在衝突中願意成為那個先降速、先讓出空間的人，你也同時建立了自己的說話影響力與人際安全感。

第六章

從說話到連結

1. 會說話，是吸引力的一種

語言，是一種無形的吸引力

說話能力向來不只是資訊表達，更是一種吸引他人的社交力量。我們總能感受到，有些人明明長相平凡、地位普通，卻總能在人群中脫穎而出，讓人想靠近、願意聆聽，甚至容易信任。這並非他們說了什麼驚世之語，而是他們說話的方式 —— 語氣節奏、措辭選擇、對話設計 —— 自然地傳遞出一種「好相處的氣場」。

這種吸引力，心理學上稱為「語言親和力（verbal immediacy）」。研究指出，當說話者能在語言中展現關注對方、釋放善意、拉近距離的訊號時，會明顯提升互動對象對其的正向評價。簡單來說，說得好不只是口才好，而是懂得在人與人之間的語言距離上，做出恰當的拿捏。

社交魅力的語言組成

說話之所以讓人產生吸引力，往往不是靠「驚豔全場」的表現力，而是透過以下三項語言特徵，建立一種細緻、讓人舒服的互動氛圍：

語言 吸引力要素	特徵說明	實際語句舉例
認同性措辭	使用「我們」、「一起」等語彙拉近關係	「我們可以一起想個方法看看。」
真誠式語氣	避免過度強勢或語氣浮誇，讓人感到信任	「我不確定這樣想對不對，但我真心好奇你的想法。」
提問與聆聽回應	不單講述，而是適時拋出開放式提問，製造互動空間	「你怎麼看這件事？我蠻想知道你的想法。」

這些策略不需要高超的辯才，而是在語言使用上展現出對他人感受的關注與尊重，讓對方在互動中感受到「我被看見了」。

好說話的人，懂得讓人感覺「舒服」

吸引力不是一種表演，而是一種心理安全感的輸出。那些讓人覺得「好說話」的人，並非總是語言豐富、風趣幽默，而是懂得在談話中給予空間與反應時間。他們會讓對方感覺「跟你說話不會有壓力」、「你有在聽我說話」、「我不用小心翼翼」。

這種語言的魅力，在心理學中被歸類為「低威脅性溝通」(low-threat communication)，代表說話者不會透過語言製造壓力或優越感，而是讓互動氛圍更柔軟、開放。例如與其說「這樣做比較合理吧」，他們可能會說「我在想，如果這樣試試看，會不會更順？」語言不只是傳達觀點，更在建構一種讓人願意交流的情境。

吸引力可以被培養，不只是人格特質

許多人以為語言吸引力是性格天賦：外向者比較會講話、開朗者比較能吸引人。但事實上，這更像是一種社交感知力(social attunement)，可以經由練習而提升。只要你願意注意以下幾件事，就能慢慢建立你的語言吸引力：

1. **不要搶話，而是接話**：聽完對方再補上觀點，而非急著表現自己。

2. **提問比陳述重要**：越能問出讓人想說的問題，就越能吸引人。

3. **語氣有層次，語調有呼吸感**：讓語言像對話，不像背稿或辯論。

4. **使用回應句，展現關注**：如「原來是這樣喔」、「這我沒想過」等。

說話的吸引力，就藏在這些看似微不足道的小選擇裡。當你願意調整，就能建立一種不費力卻讓人靠近的語言磁場。

2. 對話的雙向設計

傾聽不是靜音，而是參與

多數人以為「好好傾聽」就是閉嘴、不打斷，讓對方把話說完。然而真正具影響力的傾聽，不是靜音式的沉默，而是參與式的回應。傾聽不只是接收訊息，更是一種心理回饋行為 —— 你的表情、語氣、聲調、簡單的語助詞，甚至你何時點頭，都在持續告訴對方：「我在聽，也想聽懂你。」

心理學家菲利普．津巴多（Philip Zimbardo）指出，在高情緒互動中，聽話者的非語言反應會顯著影響說話者的情緒穩定與表達意願。這也說明了，為什麼有些人一講話你就會想繼續說下去，有些人則讓你瞬間收口。差異不在話語，而在傾聽氣場。

簡單來說，好傾聽者不是「安靜的人」，而是「讓你說得下去的人」。

鏡射語言：讓對方知道你真的在聽

鏡射語言（mirroring）是一種最基本、也最容易練習的傾聽技巧。它指的是在對話中，適度重述對方剛才的語意或用詞，讓對方感受到「你聽懂了」或「你正在跟上」。這不但能減少誤解，也會讓對話節奏更自然。

舉例來說：

- 對方說：「我最近真的壓力很大，常常睡不好。」

  你可以回應：「壓力太大到影響睡眠了喔，那真的很難受耶。」

- 對方說：「我覺得他根本沒想聽我說話。」

  你可以回應：「你有一種被忽略的感覺，好像他只顧著自己講？」

這類鏡射並不需要逐字重複，而是根據對方語意，選擇關鍵情緒或主題加以回應。這種回應比直接安慰更有力量，因為它顯示你正在「貼近他的感受」而不是跳過它。

回應不是評論，而是共振

很多人誤把傾聽後的回應當成「給意見」或「講經驗」，但其實在情感互動中，回應的功能不是解決，而是共振。特別是面對傾訴、困擾、情緒型對話時，評論會關掉對話，而共感會打開更多信任。

試比較這兩種說法：

- 評論型：「你太容易想太多了啦，其實也沒那麼嚴重吧？」

共振型：「聽起來你好像真的很糾結這件事，一直過不去對不對？」

前者讓對方陷入防禦，後者讓對方鬆開心結。回應的重點，不是你說了什麼，而是你是否讓對方覺得「你懂」。

有時甚至不需要太多話，只是一句簡單的「我在」或「這真的不好受吧」，就已足夠開啟情緒的出口。

傾聽中的「停頓權」

真正的傾聽，也包含一種微妙的「節奏管理」。當對方停頓時，不是急著接話，而是給他一點「說不下去的自由」。這種空白，看似什麼都沒發生，其實是最溫柔的支援。

在許多真誠對話的時刻，真正讓對方打開心房的，往往不是你說了什麼，而是你什麼都沒說。當一個人分享時，如果我們急著回應或給建議，反而會打斷對方內在思緒的整理。而當我們選擇暫時沉默、保持目光接觸，讓對話有一點空氣流動的間隙——那短短幾秒的停頓，常會引出對方更多未曾說出口的話。

這樣的傾聽，不是消極，而是一種把語言節奏交還給對方的主動選擇。它表示你願意等待、願意理解，而不是急著表現自己的洞察力。在人際互動中，這樣的「停頓力」經常比任何聰明的回話更具連結性。

這個技巧特別適用在你想聽懂對方真實想法、但對方猶豫難言時。學會沉住氣，也是一種深層傾聽的表現。

練習雙向語言的對話節奏

與其總在說話時強調「怎麼說對」，不如從練習「怎麼聽懂」開始。以下是三個可實作的傾聽與應答訓練，幫助你養成對話的雙向節奏感：

練習目標	操作方式	注意重點
鏡射語練習	在每次對話中，試著用不同詞語重述對方一段話的情緒或重點	避免逐字照抄，重點在「理解後的轉述」
停頓聆聽法	在對方說完一句話後，刻意停 0.5~1 秒再回應	觀察對方是否會補充、釐清或反問
不評論挑戰	面對朋友傾訴時，避免提供建議，只用感受與共鳴回應	如：「這真的很難熬」、「我聽得出來你很不甘心」

這些技巧的目的，不是讓你成為完美對話者，而是讓你成為值得信賴的聆聽者。因為真正的說話魅力，從來不是你說多少，而是別人願意對你說多少。

傾聽，是溝通裡最被低估的力量

當你開始練習傾聽，你會發現自己說話變得更有力量，因為你不再只是反射式地接話，而是根據對方的情緒與語意，給出真正有連結感的回應。傾聽不只是禮貌，它是一種「讓對方在你面前變得更清晰」的過程。

傾聽讓人安心，應答讓人感動，而兩者的節奏設計，就是對話真正開始深入的起點。

3. 從陌生到信任，需要語言橋梁

信任的開始，是語言中的「熟悉感」

我們與人初次互動時，真正在意的往往不是對方說了什麼，而是「這個人可不可靠」、「我跟他講話自在嗎」、「他聽得懂我的意思嗎」。這些初始判斷不來自深度對話，而是從語言表達中捕捉到的一種心理訊號：熟悉感（familiarity）與安全感（safety）。

這種感受不是透過資訊量多寡決定的，而是語氣、語序、回應方式等細節傳遞出來的默契。例如，有人一開口就讓你想敞開心房，有人再怎麼熱情介紹也讓你想保持距離。說話的內容也許類似，但表達方式中的節奏、用詞與情緒頻率，才是真正讓人產生信任或防衛的關鍵。

這種心理上的「配頻」(attunement)作用，常被用來解釋人際吸引力的起點。人們傾向信任那些語言節奏接近、表達風格不會造成壓迫的人，而不是那些「講很多卻讓人不想靠近」的人。

設計語言的親近感，不是裝熟，而是降低陌生

建立熟悉感的第一步，是讓對方感受到「你沒有要占上風」，而是站在平行的位置開始對話。在初次互動或關係剛建立的情境中，以下三種語言策略能有效降低陌生感，建立初步的心理連線：

策略類型	實際應用方式	溝通效果
自我揭露程度控制	「我剛開始做這個領域的時候也很迷惘，後來是……」	顯示脆弱與共同經驗，打開心理空間
降階提問法	「你平常怎麼處理這種事？有自己的習慣嗎？」	問法具體，減少評價壓力，讓人更願意分享
情境對位語句	「如果是我自己遇到這種狀況，可能也會蠻糾結的」	同理對方情境，產生並肩感而非對立感

這些語句的設計邏輯是：不要一開始就追求效率、邏輯與

精準，而是先讓語言有「鬆動」的空間，讓對方能把自己慢慢說出來。這不是刻意親暱，而是主動降低距離感的語言姿態。

心理安全的關鍵，是讓人敢說眞話

熟悉感是語言的敲門磚，而心理安全感（psychological safety）則是讓關係能夠繼續延伸的基石。哈佛商學院教授艾米・埃德蒙森（Amy Edmondson）對心理安全的研究指出，當人們感受到「在這裡說錯話不會被懲罰」、「表達不同意見是被允許的」，才會真正說出內心所想。

這項發現原本用來解釋高效團隊的運作機制，但其實也適用於人際關係。我們都曾經歷過，某些對話讓人願意講真話、吐心聲，而某些對話讓人自我審查、說得小心翼翼。這背後不是內容不同，而是對話氛圍不同。

要建立這種安全感，語言上最重要的其實不是「說什麼」，而是「怎麼回應」—— 是否允許對方表達不一樣的感受？是否能給出支持但不逼迫的空間？以下是三種心理安全型回應語法：

- 「我可以理解你有這樣的感受，即使跟我想的不太一樣」
- 「你說的這點很有趣，我之前沒從這個角度想過」
- 「這個部分我有點不同想法，但我很好奇你的依據是什麼？」

這類語言不僅展現了接納，也讓雙方有了可以調整、修正、繼續對話的餘地。比起「你這樣不對」或「可是我覺得不是這樣」，這些說法更能讓對話進入探索，而非對抗。

從熟悉感到信任，是語言練出來的肌肉記憶

很多人以為「我們聊得來」是一種天然契合，但實際上，多數能讓人建立信任的對話節奏，是靠練習與經驗累積出來的。你越習慣放慢語速、觀察回應、調整提問方式，就越能從語言中讀懂他人的信號，也讓對方在你的語氣裡感到被理解。

這種語言能力，就像是建立人際連結的橋梁工程——你在用每一句話，一磚一瓦地鋪路。不是每次都能瞬間抵達信任，但每一次回應、每一次選詞、每一次語氣的轉換，都是一種向信任前進的姿態。

當你能練習說出讓人靠近的語言，而不是讓人躲避的語言；當你能回應得讓人想講下去，而不是立刻閉嘴；那麼你已經不是一個會說話的人，而是一個能讓關係穩定發展的溝通者。

4. 小地方說得好，關係不會差

語言的細節，藏著關係的溫度

在長期關係中，真正決定親疏遠近的，往往不是那些高光時刻的言語，而是日常對話中不經意的小句子。你怎麼稱呼對方、怎麼轉彎切入敏感話題、怎麼用詞包裝期待與不滿——這些微小的語言選擇，構成了關係的語感記憶。

很多人重視「說對話」的策略，卻忽略了「說好話」的節奏。說對話能讓人信服，但說好話才能讓人靠近。這種「好」並非甜言蜜語，而是體貼語境、考慮對方感受、讓話語保有空氣與溫度的那種說法。

稱呼，是親疏距離的起點

我們稱呼對方的方式，往往透露出我們心裡對這段關係的定位。一個簡單的「名字」或「職稱」，可能決定對方感受到的是親切、距離、或是權力的位階。

以下是幾種常見的稱呼方式及其潛在語感差異：

常見稱呼與其潛在訊號：

- 「陳主任」：強調角色地位與尊重，適用於正式場合

- 「小美」：展現親密感，常見於平輩或親近同事間
- 「你這傢伙」：私下戲謔，熟人間使用安全，但陌生人聽來可能不舒服
- 「媽／爸」：親密情感的專屬稱呼，語氣不同可能引發感情或壓力投射

語言學家指出，稱呼是語用學中的「標記行為」（marked behavior），是語言社會性最早的表現形式之一。你怎麼叫一個人，很可能決定他怎麼回應你。

轉折語，鋪好對話的過渡地墊

許多溝通衝突並不是起於內容，而是起於「轉折點說得不夠好」。想表達不同意見時，我們常急著切斷對方話語，卻沒給出語言的過渡空間。結果是內容沒人聽進去，情緒先炸開。

以下對照表呈現幾種常見「衝突型語句」與其對應的「轉折緩衝句」：

原句（可能引發對立）	替代句（柔和轉折）
「你這樣說不太對吧？」	「我這邊有一點不同觀點，想聽聽你的想法」
「不是啦，不是那樣」	「我理解你的意思，不過有個地方我想補充一下」

原句（可能引發對立）	替代句（柔和轉折）
「問題根本不在這裡」	「也許我們看事情的角度不同，我想分享我的觀察」

這些句子表面只是修飾，實際上是在為情緒鋪一層地毯，讓對話不因踩錯點而跌倒。

習慣的語氣，藏著關係的溫度

除了稱呼與轉折，還有許多日常語氣會悄悄影響關係。例如：有些人習慣用命令句說話，即使本意是提醒，也容易讓人感到壓迫；相反地，若加上委婉語助詞，語氣柔化，對方更容易接受。

來看一個常見對比：

- 命令式說法：「你等一下把報告印出來給我」
- 委婉式說法：「報告如果方便的話，能幫我印一份嗎？」

兩者內容幾乎相同，但後者更容易促成合作，並維持人際流動的舒適感。

語言的溫度，常藏在句尾。「啦」、「呢」、「喔」、「好嗎？」這些語助詞，在語氣學中被視為「低強度提示詞」，能有效降低語句衝擊力，同時保有表達意圖。

一點點用心，拉近很多距離

在一段關係中，有時你不需要說得很有內容，只需要說得剛剛好。而這個「剛剛好」，就是來自對語言細節的留意與雕琢。

你怎麼稱呼一個人、你怎麼開場說不同意見、你怎麼結束一句提醒 —— 這些看似細微的環節，才是長期關係中最重要的語言節點。

說話，是細水長流的工程。能注意到小處，就能讓對方感受到尊重與理解；而這些細節，正是讓關係在不知不覺中越走越近的力量。

5. 人際網路中的語言記憶

說出口的話，如何變成被記住的你

在人際互動中，我們常以為真正留下印象的是行動或表情，但實際上，那些「記得住」的人，往往有一句讓人反覆想起的話。語言，不只是互動的媒介，更是記憶的載體。你說過的話，可能成為對方心裡的引用語，也可能變成關係的錨點。

這不只是「說得漂亮」的問題，而是「說得有記憶點」的能力。在資訊量爆炸、對話頻繁的時代，一段語言要在他人腦海中留下痕跡，關鍵不在於多，而在於精準、有感與可回憶。

那麼，什麼樣的語言特質，更容易被記住？以下是幾個有研究支持的語言記憶因素：

語言記憶的三大特質：節奏感、意義感、關聯感

根據認知心理學中的語意記憶模型（semantic memory），人們傾向於記得那些具備以下三種特質的語言片段：

1. **節奏感**：簡潔有力、重複性高、語法有韻律的句子更容易被記住。

例如：「先做對的事，再把事做對」這種句式簡單、對稱、易於內化。

2. **意義感**：對當下情境有啟發性，讓人產生「這句話有說中我」的共鳴。

例如：「你不是不行，只是還沒開始用對方法。」

3. **關聯感**：與對話者的處境、目標、身分產生連結，成為他人內在敘事的一部分。

例如在職涯低潮時，你說：「跌倒不是終點，是讓你看清地面的時候。」這可能成為對方後來常常自我提醒的座右銘。

這些語言不需要文采飛揚，只需要對準他人的心智節點，話語就可能變成他人心理劇本的一行臺詞。

讓語言留在對方心裡的小技巧

在實務對話中，要打造「能留下印象」的語句，可以透過下列三種方式進行設計：

技巧名稱	說明	範例語句
單句定位	將一個複雜概念濃縮為一句直指核心的話	「我們不是在做選擇，是在做取捨。」
借力引用	適當引用名言或對方曾說過的話，強化印象連結	「就像你之前說的：別怕麻煩才會走得穩。」
感官搭配	結合具體畫面、感受或動作詞彙，讓語句更有畫面感	「就像站在懸崖邊前深呼吸的那一刻，你會知道你還活著。」

這些語言設計並非用來操弄，而是透過對語言節奏與心理觸點的掌握，讓你想傳遞的訊息真正落實、駐留。

留下「語言記憶」，就是創造連結節點

人際關係的維繫，從來不只是見面與互動的次數，而是你們曾經「有一段話說得進去」。那可能是一句在低潮時的鼓勵、一段爭執後的補句、一場離別前的囑託 —— 這些話語如同關係的記憶點，會在未來被回想、被珍惜，甚至被轉述。

有些人之所以讓人難以忘懷，是因為他說過的話，曾經「對我有意義」。這種語言記憶的力量，不在於內容宏大，而在於當時說得恰到好處。

語言不是煙消雲散，而是潛意識的織網

很多人以為說話是即時反應，用完就沒了。但實際上，語言就像在人心中縫一個小結 —— 它可能幾天後才發酵，幾個月後才想通，有些甚至在多年後才被人提起。

因此我們說話的時候，不只是表達，而是在為關係預埋記憶的節點。如果你能用一句話讓對方在腦海中「有畫面、有觸動、有連結」，那你就已經不只是說過話，而是留下了某種人際的存在感。

最後，不妨回想：你記得的那幾句話，是誰說的？又為什麼記得？

我們都渴望被記得，而語言，是最靠近記憶核心的一條通道。

6. 說出讓人記得的一句話

語言的記憶，不靠聲音大小，而是靠「情緒觸點」與「語句位置」。回想你曾被一句話打動、鼓舞、提醒或翻轉，那往往不是因為語言高深，而是它剛好在你最需要的時候，說進了你心裡。

而你也可以，成為那個說出「記得住的話」的人。

以下是三個語言記憶的實作任務，請你依序試著練習，每一題都不必冗長，只需專注一句，讓它有畫面、有重量、有一點點餘韻。

任務一：一句話，讓新同事記得你是支持者

請設想以下情境 —— 新進同仁剛進團隊一週，總是安靜坐在角落，偶爾被主管點名時顯得緊張。你想讓對方知道，你不是來評價他，而是來當他的夥伴。

請你寫出一句話，**讓他在未來的某個挫折時刻，仍記得有人說過這句話**。

（提示語感：不用鼓勵語錄式的口吻，而是溫和、自然、具「延伸力」）

任務二：一句話，讓陌生人願意靠近你

在一次社交場合中，你與一位素未謀面的來賓坐在一起。雙方還不熟，你想打開話題，讓對方覺得你是個好接近、有誠意又不冒犯的人。

請寫一句「自我揭露式」的起手語，不是簡單問對方問題，而是你先說一點自己，讓對方有話可接。

（提示語感：帶有一點自嘲、一點真實感、一點保留，三分說話，七分讓人願意繼續說）

任務三：一句話，讓朋友在低潮時感受到連結

你的一位好友最近狀態低落，不太聯絡你。有一天你終於傳了一封訊息，你知道不能太正經、也不能太輕浮，但你希望他看到後能感覺到：「這個人還在」。

請寫下一句你會說的話，**不用解釋太多，只要留得住你們之間的關係**。

（提示語感：像一封「心裡想過」的語音備忘，留點情緒空間，不說滿）

語言的記憶力，來自情緒的黏著力

這些練習的重點不在於寫得多好，而是**練習一種語言的布局感**——你能不能讓別人從你說的那一句話裡，記得一種情緒、一種姿態、一種安全感。

我們終其一生都在學習表達自己，但真正被記得的語言，往往不在表達有多完整，而在於語氣是否貼合、情緒是否連通。

說得被記得，不等於說得最精彩；有時，只是說得剛剛好。

第七章

說錯話的代價

1. 有些話，說出口就回不來了

語言的殺傷力，往往來得比你想像得快。

我們時常低估一句話所能引發的情緒風暴，因為語言不像拳頭，不會留下明顯的瘀傷。但對話中某些話語的效果，卻可能比任何一次爭執或肢體衝突更具長遠影響 —— 它會在人的心理留下裂縫，甚至改變一段關係的基本信任。

說錯話的代價，不只是「氣氛尷尬」，而是你無法收回的影響力損耗。在關係緊張的時刻，錯一句話，可能導致合作關係解體；在社群媒體上一時口快的留言，也可能毀掉多年累積的專業形象。在語言這件事上，有些損傷不會自然修復，錯話一出口，有時就回不去了。

語言觸發的三種傷害

我們可以將「錯話」帶來的影響分為三種典型傷害路徑，分別對應人際關係中最容易受損的部分：

1. 情緒觸發傷害

這是最常見的錯話型態。明明只是想反映意見，卻因為語氣或用字選擇不當，讓對方覺得受攻擊、被否定或不被理解。

例如：「你想太多了」、「這很簡單啊，你怎麼會搞錯？」這些話看似無惡意，實際上卻常成為點燃情緒的導火線。

2. 信任裂解傷害

信任的崩解，往往不是因為一次背叛，而是因為一次又一次的「語言小地震」。例如，在公開場合貶低同事、在親密關係中揭露對方隱私、或在團隊裡亂傳未經證實的訊息，這些行為會讓人開始懷疑你是否值得信任。信任不是被推倒的，而是被一句又一句話慢慢侵蝕。

3. 身分貶抑傷害

有些話無意間貶低了對方的身分角色，造成心理上的疏離與否定。例如對職場新手說「這你也不會？」或對中高齡同事說「你們這年代很難跟上了吧」，看似玩笑，其實是一種不自覺的階級語言。這類語言雖不是刻意羞辱，但結果卻是讓對方在群體中的地位受損，甚至選擇遠離。

從語言裂痕看見關係斷層

在某次科技公司的內部溝通中，一位高階主管針對女性工程師的設計提案發表了一句帶有玩笑意味的評論：「這種配色是不是妳女兒挑的？滿可愛的啦。」本意可能只是想緩和氣氛，但這段留言後來遭截圖外傳，被解讀為貶低專業與性別刻板，最終引發外部關注與內部反彈。公司不得不對外澄清立場，並啟動內部檢討，而該名主管則選擇離開團隊。

這樣的語言事件之所以引爆爭議，不在於是否帶有明確惡意，而是在於它踩到了當代溝通中的敏感神經 —— 對身分、尊重與專業的期待與界線。當一句話觸及這些潛在張力點，即使出發點是無心，也很容易在公開語境中產生放大效應。

關鍵語境下的錯話類型

類型	典型語句	風險後果
拒絕型語言	「我才不會這樣做」 「那不是我的問題」	傷害對方投入感、顯得冷漠無責任
指責型語言	「都是你害的」 「你怎麼這麼不會看場合」	讓對方陷入自我防衛、失去對話空間
自戀型語言	「我早就知道你會失敗」 「你沒有我不行」	破壞平等互信、產生權力焦慮
玩笑偽裝	「我開玩笑的啦」 「你不要太認真嘛」	混淆真意與傷害、讓人難以回應

這些語言看似日常，卻在特定情境下特別容易造成傷害。真正成熟的語言力，不是會說話，而是能知道什麼時候該閉嘴、什麼時候該慢說、什麼話該留給適當時機。

錯話不是絕對的，但影響是累積的

我們都可能在情緒激動、注意力分散或壓力過大的時候，說出不該說的話。這不是「你有問題」，而是語言就是如此貼近情緒、如此容易受制於環境。但是，錯話不代表錯人，它代表一個可以修正與學習的契機。

從今天開始，不妨給自己一個語言緩衝的提醒：「我想說這句話，是為了解決問題，還是發洩情緒？」—— 這是一句話出口前的停頓，也是你與他人關係能否維繫的分水嶺。

2. 無心之過，為何總變成傷人之言

「我不是那個意思」的代價

「我又不是故意的」、「你幹嘛那麼敏感？」、「我只是想開個玩笑」—— 這些話我們不只聽過，也可能說過。當我們的語言讓別人感到受傷，第一時間多半不是認錯，而是急著撇清動機。這是人類心理的自然反應，因為我們相信「無心之過」不該被等同於「惡意中傷」。但在語言的世界裡，意圖不是唯一的變因，效果才是真正的重量。

從說話者的角度，我們強調出發點：「我沒惡意」；但從聽

話者的角度，真正在意的是：「這句話讓我怎麼感覺？」這就是語言風險的核心落差 —— 我們常常根據自己的動機評價話語，卻忽略了接收者的情緒現場。

語言的誤傷，不在於你說了什麼惡毒的字眼，而在於你沒留意對方的處境、心理或關係背景。無心之語，會在對的情境中被理解成輕鬆玩笑，也可能在錯的氣氛中變成一把尖銳的箭。

為什麼好心，也會說錯話？

說錯話的背後，往往不是缺乏善意，而是忽略了語言中的「心理雷區」。這些錯話並不是「不會說話」的結果，而是幾種常見語言偏誤所造成的。理解這些偏誤來源，有助於我們在下一次開口前多一層判斷。

1. 投射式偏誤

我們以為對方會像我們一樣解讀這句話，卻沒意識到彼此的情緒位置不同。例如：「別想太多啦」可能對自己是釋懷，對別人卻像是否定。

2. 過度簡化

試圖用一句話快速解決他人問題，卻讓人覺得被敷衍或不被重視。像是「這有什麼好難過的」、「這很簡單啊」，忽略了對方的情感複雜性。

3. 錯誤比擬

用錯比喻、錯情境來安慰或評價，反而讓人覺得被貶低或比下去。比如「我以前比你還慘」本意可能是同理，實際卻可能讓對方覺得被忽略感受。

4. 關係錯置

以不對等的語氣處理關係中的敏感話題，像朋友之間說出上對下的評論語調（例：「你這樣做真的很蠢」），即使親近，也容易讓人覺得被踐踏界線。

這些錯話的生成，其實不是語言技巧的錯，而是「關係感知力」的落差。當我們的語言忽略了對方的狀態、位置與期待，就會從無心之語轉為實際的刺傷。

無意的冒犯

以下是三則來自讀者訪談的經典語言誤傷範例，每一句話都不是出自惡意，但都實際造成了人際緊張。

原句	說話者意圖	聽者感受
「你最近變得有點圓潤哦哈哈」	開玩笑、試圖拉近距離	被羞辱、自信受挫
「這份報告你應該是沒時間認真做吧？」	想替對方找臺階下	被質疑、失去信任感

原句	說話者意圖	聽者感受
「你還單身喔？怎麼會這樣？」	好奇、想聊私事	被刺痛、覺得被評價

這些語句的錯誤，不在於語言本身，而是忽略了「時間點」、「語境」與「關係密度」這三個關鍵。即使是一句出於關心的話，也可能因為缺乏設身處地的感知而變成誤傷的利器。

該怎麼說，才能減少錯話？

避免語言誤傷，不是要求自己變得小心翼翼，而是學會在說話前問自己三個問題：

1. **這句話對我來說是什麼意思？**
2. **對方聽來會是什麼意思？**
3. **這個時機、這段關係，適合這樣說嗎？**

如果三個答案之間有落差，就代表這句話可能需要修正或延後。除此之外，也可以善用以下幾種語言轉換策略，降低誤解風險：

將「評論型語句」轉為「經驗型語句」

例如：「你這樣真的不行」→「我自己這樣做過一次，後來發現問題比較多」

- 加上「情緒前置詞」建立同理背景

  例如：「我不是想挑你毛病，只是有點擔心效果會不如預期」

- 留下選項與退路

  例如：「這是我的想法，如果你覺得不適合，我們可以再一起討論」

這些策略不是要你包裝語言，而是建立更細緻的互動邏輯。當你願意花一點時間，調整句子的節奏與語氣，就能讓語言成為橋梁，而不是屏障。

說話是技術，更是感知力的展現

無心的話語之所以傷人，從來不是因為說錯字，而是因為少了一層對人的體察。說話的技術可以訓練，但說話前的感知力，更需要刻意培養。

下次當你想開口安慰、建議、玩笑，請別忘了這句話：「語言沒有單向的意義，它只存在於關係之中。」你說的每一句話，都是一次關係的試煉。而願意多想半秒、多感知一次，就是你走向成熟語言力的起點。

3. 批評、拒絕、否定的正確說法

說「不」是人際互動最難的技術之一

在多數日常對話中，最讓人進退兩難的情境，往往不是不會講好話，而是「不知道怎麼拒絕、批評或表達不同意見」。這些話語承載著潛在的衝突性與破壞風險，一不小心就會踩雷 —— 說太直接，被認為沒禮貌；說太模糊，又容易引發誤會。

事實上，「說不」不等於讓對方難堪。成熟的語言能力，正是建立在「怎麼說不也能被尊重、被理解」的能力之上。我們不是要學會閃躲，而是要學會以尊重的語氣、清楚的邏輯與合適的語境，把「否定語言」轉化成具建設性的溝通工具。

表達批評：不是攻擊，而是提供路線圖

批評之所以令人難受，往往不是因為意見本身，而是語氣與措辭的方式。與其一開口就指出錯誤，不如採取「觀察 —— 評估 —— 建議」的三段式策略，讓對方感覺你在對事不對人。

以下是幾種常見批評句型的轉換建議：

原句（地雷語言）	改寫建議	備注
「你這樣做根本不對！」	「我有些不同的觀察，能不能和你分享我的理解？」	先拉近語距，降低防衛感
「你的報告很亂，怎麼讓人看得懂？」	「這份報告資訊很多，我們或許可以再整理一下主軸」	聚焦問題點，不直接人身評論
「你講這什麼話？」	「我剛剛聽到那句話有點不太理解，能再說明一下你的想法嗎？」	從「質疑」轉為「釐清」
「我真的受不了你每次都遲到」	「我發現我們最近碰面時間常常有落差，有沒有什麼可以調整的地方？」	避免絕對詞「每次」、給對方空間

在批評的語言上，關鍵在於減少「個人化指責」、避免「絕對化語句」，並盡可能提供可行建議，而非單純否定。這樣的語言能讓對話停留在合作解決問題的層次，而非陷入彼此攻防的拉鋸。

拒絕請求：不需要道歉，而是換角度

許多人害怕拒絕他人，是因為擔心破壞關係。但實際上，一段健康的關係，應該能容納真實的界線與回應。拒絕，不等於冷漠，只要我們懂得選擇正確的語言方式，就能在說「不」

的同時表達尊重。

拒絕語言的三步驟設計如下：

1. **肯定對方的出發點**：表達理解或欣賞其請求的初衷

2. **清楚說明自身限制或原因**：讓對方知道你不是故意拒絕

3. **給出替代方案或時間點**：提供可能的彈性空間

以下為常見拒絕語句的轉換參考：

拒絕情境	原句	改寫建議
拒絕加班邀請	「我沒空」	「我理解這案子很急，但我今晚已經有安排，明早我可以提早來處理」
拒絕社交邀約	「我不想去」	「很謝謝你邀我，但最近我狀態比較需要靜一下，下次我再一起參加」
拒絕協助請求	「我沒辦法幫你」	「我希望能幫上忙，但我現在的時間真的很緊，可能會影響到你的進度，我們要不要看看別人能否支援？」

關鍵不在於給出「完美理由」，而是讓對方感受到你是出於考量與尊重，而不是情緒性的拒絕。這樣的語言方式，能讓彼此保有尊嚴與餘地，不因一次「不」字就留下裂痕。

表達否定意見：讓對方「可以不同意你」

在討論或會議中，我們常會遇到立場不同的時刻。這時，如果語言太直接，容易讓人覺得是「否定我這個人」；但若過度婉轉，又可能讓立場不清，失去建設性。

好的否定語言，應該做到「表明不同」又「不破壞互信」。以下是三種常用的否定表達技巧：

技巧一：同理開場法——「我理解你這樣想的原因……但我有一個不同的觀點想分享」

技巧二：差異標示法——「我們似乎對這件事的看法不太一樣，我的觀點是……」

技巧三：提問引導法——「你的說法蠻有意思的，我好奇你會怎麼看待這個情況……？」

使用這些方式，不是刻意圓滑，而是讓「意見的碰撞」停留在理性討論的層次，避免變成立場對抗或情緒衝突。

地雷語句轉換小測驗

請閱讀下列句子，試著為它們設計一種「溫和卻清楚」的轉化方式：

1.「你做這個根本沒意義啊」

2.「我真的不想幫你，太麻煩了」

3.「我不同意你講的那些話，太誇張了」

4.「你怎麼這麼不會做事？」

範例答案（參考）：

——「我有不同的想法，或許可以換個方向試試」

——「這件事我目前的能力可能不太能負擔，但我可以幫你找其他資源」

——「我聽完的感覺有些不同，不曉得你會怎麼看另一個角度？」

——「這部分或許我們可以再一起釐清一下步驟，我們來看看是哪邊出了問題」

拒絕與批評不是對立

「不傷人地說真話」，是語言成熟度的指標。它不靠技巧，而是建立在「對關係的理解」、「對情緒的體察」與「對表達責任的尊重」之上。當你願意多設計一句、多留一步，不但能讓話說得更穩，也讓關係走得更長。

否定，未必是拆毀;說對了，反而可能是一次真正的建立。

4. 面對爭執，不說比亂說更重要

沉默，有時是更高明的選擇

我們總以為溝通的關鍵在於「把話說清楚」，但在情緒高張的時刻，最常發生的語言災難，往往來自那句「不該在當下說出口的話」。爭執時的語言現場，是最容易衝動輸出的場域，而這些衝動語言不但無法解決問題，反而可能將對話推向更深的對立。

真正有力的語言能力，不只是懂得怎麼說，而是知道「什麼時候先不說」。沉默，不是逃避，而是選擇讓對話不在最壞的節點發酵；延遲，不是退讓，而是為彼此保留空間的智慧。

與其急於澄清、反駁或強調立場，不如先練習一句無聲的對話語：「我現在不急著回應，因為我在意這段關係。」

延遲語言：給情緒一個出口，也給關係一個緩衝

在爭執發生的當下，大腦往往處於情緒動員狀態，容易進入「戰鬥或逃跑」（fight or flight）的本能反應。而語言在此時便成為第一線的出口：太快說話，情緒就會直接包裹在句子裡；太急回應，語氣就會帶刺而不自知。

延遲語言（delayed response）是一種簡單卻實用的溝通技

術，它的核心目的是讓語言「晚一點出場」，以換取更穩定的心理節奏與關係節點。以下是幾種可實踐的延遲語句設計：

- 「我現在有點混亂，我們可以晚點再談這件事嗎？」
- 「我怕我現在講話語氣會不好，我想整理一下再回應你。」
- 「這對我來說有點重，我需要一點時間釐清情緒。」

這些語句不僅讓自己暫時退出情緒回圈，也讓對方知道：你不是在冷處理，而是在選擇一種更負責任的對話方式。它們為衝突留下了一道「語言緩衝帶」，防止事態進一步升級。

安靜的技術：不說話，也是一種參與方式

沉默，並非語言的缺席，而是情境設計的一部分。會運用沉默的人，不是什麼都不說，而是懂得在「不說」中建立壓力緩解與聆聽空間。這樣的安靜，其實是一種正向的語言策略。

舉例來說，當爭執進入僵局，雙方話語都帶情緒時，適當的沉默反而能使情緒自然掉速。面對這樣的場景，與其說「你根本聽不懂我在講什麼」，不如選擇「不回應、不打斷、不補刀」，讓對方的情緒自行平穩。

此外，「有意識的沉默」還可以用來換位思考。當我們靜下來聽完對方的情緒，心中默數三秒而不急著接話，這段空白會

提醒我們：目的是解決問題，不是贏得辯論。

你可以這樣練習：

- 當情緒升起時，先深吸氣、沉默五秒，再決定要不要說。
- 當對方大聲說話時，選擇不立刻反駁，而是以眼神專注作為回應。
- 當發現自己想「搶說話權」時，提醒自己：「現在說這句話，是幫助還是火上加油？」

語言不是愈快愈好，有時候，慢就是智慧，靜就是力量。

爭執時的語言節奏，決定的是關係的下一步

來看一個日常情境改編：

情侶間因家事分工發生爭執。A 說：「你又把事情都丟給我，是不是覺得我活該做這些？」

B 原想反駁：「你哪次不是都沒問我就做掉？」但停了一秒，改說：「我知道你這樣感覺一定不太好，我們可以等彼此冷靜點再說嗎？」

這一秒的節奏轉換，讓爭執沒有進入你來我往的怒火迴圈，而是轉向關係的處理現場。B 沒有壓制自己的意見，而是選擇先處理氣氛，再談內容。

這就是語言的節點設計 —— 你不用每一次都講贏對方，但你可以讓對話留下空間。爭執不是不能說，而是該說的話，不該在最壞的節點說出口。

沉默的預備語句

為了讓自己在情緒上升時不脫口而出地雷語句，可以事先準備一組「延遲語言工具箱」。請挑選一至兩句背熟，在需要時啟動：

- 「我聽得出你在意這件事，但我需要一點時間想清楚」
- 「我怕我現在講話會傷人，讓我晚點再說好嗎？」
- 「我們都太激動了，我不想讓對話變成對抗，先休息一下可以嗎？」

這些話語看似簡單，實則是你為關係主動踩剎車的起點。說話是一種力量，但選擇什麼時候說、說多少，也是一種責任。

5. 公開場合的語言責任

你說的話便是你的代表

在公開場合 —— 無論是演講、社群發文、記者受訪、簡報發言 —— 你所說的每一句話，不再只是個人意見，而是某種「身分的發聲」。你說話的語氣，會被放大；你選的字眼，會被引用；你的態度與立場，會成為他人解讀你整體形象的關鍵線索。

這正是公開語境中最大的挑戰：你所表達的，不再只是「你是誰」，而是「你被誰看見、如何被記憶」。每一場語言的輸出，都是一次「品牌感」的累積。這個品牌，可能是你個人，也可能是你背後所代表的組織、立場或理念。

而錯話的代價，在這裡就變得格外巨大。

一句話，讓信任崩塌

近年來，不少國際品牌因公開語言失誤陷入輿論風暴。有服飾品牌在海外官網上架一款兒童廣告，內容被質疑含有種族歧視意涵。雖然廣告很快下架，卻因企業起初處理態度冷淡，引發社群串連抵制，甚至部分國家門市遭抗議包圍。

這類案例提醒我們：錯話的殺傷力，不只來自文字內容，更來自語境下「你該知道，卻沒有自覺」的失職感。尤其是當語言觸及敏感議題（性別、種族、身分、災難等），任何輕率說法都可能被放大檢視，牽動情緒神經。

領導者說錯話，爲什麼會那麼嚴重？

公開語境中，角色高度決定語言責任。當一位主管、政治人物或品牌代表說錯話，社會所感受到的不只是「你說錯了」，更是「你怎麼能不知道這不該說」。此時的語言風暴，通常包含三種責任斷裂：

1. **知識責任**：該有的認知未具備，如不了解用語敏感性、錯估社會情緒。

2. **關係責任**：本應為對話建立安全感，卻讓受眾感受被羞辱、忽視或否定。

3. **示範責任**：身為領導者的語言應具示範意義，若說話風格失當，會影響組織文化與部屬行為邊界。

正因如此，領導者的語言失誤，往往被視為一種權力濫用的象徵，後果不僅限於個人，更可能動搖整體信任基礎。

社群時代，說話更需要「自覺力」

在社群平臺上，每個人都是公開人物。你的一段留言、一則貼文，可能在未預期下被截圖、轉傳、解讀，甚至改寫為議題素材。這種高擴散性的語言環境，對說話者提出了更高的「語言自覺」要求。

社群語境中，以下幾種地雷語句最容易引發誤解與對立：

1. **以偏概全**：「這種人都這樣」
2. **否定他人經驗**：「那有什麼好生氣的」
3. **轉嫁責任**：「是你自己想太多」
4. **偽善評價**：「我沒有惡意，但你真的太敏感了」

這類話語的共通點是：將問題歸因於他人感受，而非釐清自身語言是否造成傷害。在社群語境中，這樣的語言會被視為情緒壓迫或語言霸凌，加劇社會對立。

公開錯話如何修補？

修復語言錯誤的第一步，不是解釋，而是展現理解。特別在公開語境中，若你選擇為自己辯護或否認錯誤，往往會讓傷害擴大。因此，語言修補應包含以下三項：

1. **承認盲點**：「我們的團隊在設計這項內容時，確實忽略了文化差異的敏感性。」

2. **明確致歉**：「這造成不適，我們誠摯地向受到傷害的群體致歉。」

3. **具體行動**：「我們已成立內部審查機制，未來將更謹慎處理所有公眾溝通內容。」

真正有效的道歉，不只是語言的包裝，而是行動的開場。它不是為了止血，而是為了恢復語言本該帶來的信任與連結。

語言，是一種公開責任的實踐

說話從來都不只是一種表達技巧，更是一種責任實踐。在公開語境中，每句話都是態度的顯現，是價值的揭露。你說了什麼，不只是代表自己，更可能代表一群人、一個位置，甚至一套文化。

對於領導者與公眾角色而言，說對話不只是加分，而是基本門檻。學會掌握語言背後的責任，不只是為了避免錯話，更是為了在這個充滿語言噪音的時代中，說出真正被信任、被接受、被記住的聲音。

第八章

語言的美感與高度

1. 好說話的人，讓人舒服也讓人尊敬

不只是技巧，更是修養的展現

有些人說話總讓人如沐春風，即使觀點不同，仍能讓人願意傾聽；即使話語簡短，也能留下餘韻。他們不是憑藉話多取勝，而是在語言中展現出一種安定與成熟。這種氣質，來自一種內在修養，也是一種語言高度。

語言可以表達知識與能力，也可以展現態度與品格。所謂「會說話」，不應只停留在說得清楚、說得有趣，更應該能說得有分寸、有溫度、有分量。這樣的語言不追求壓倒對方，而是與對方共同維持一種尊重的張力。

修養型語言的特質，在於它不喧嘩、但有力量；不張揚、卻能留下深刻印象。這並非靠高明辯術，而是來自語言背後一貫的態度 —— 尊重、體察、克制與責任。

語氣中藏著你的姿態

人際互動中，語言往往是第一線索。一句話，還沒說完，對方就已經根據語氣做出反應。而真正令人尊敬的說話方式，並不依賴高聲或強詞奪理，而是語氣中的穩重與自持。

來看以下兩組說法對比：

語句	傳遞出的印象
「你這樣根本不合理。」	對立、否定，讓人立刻防衛
「我理解你的角度，不過有個地方我想再釐清一下。」	願意理解、保留空間，語氣穩妥

前者或許說得直白，卻容易讓對話無法繼續；後者雖然繞了一圈，卻更容易讓對方願意打開耳朵。這不是偽裝，而是一種選擇 —— 選擇讓對方在語言中仍保有尊嚴。

修養型語言，從來不是壓抑或隱忍，而是有能力在衝突或分歧中，仍以平和的語氣維持對話的可能性。

好說話，不等於討好

不少人誤會「好說話的人」就是沒有主見、事事附和，但真正讓人尊敬的語言，是在堅持立場的同時，也能顧及對方的感受。這需要的不只是語感，更是一種內在的價值排序。

面對批評，你可以選擇「我不想再解釋了」；也可以說「我願意多聽一點，讓我們都理解得更清楚一些」。後者並不表示你就會妥協，而是展現出你願意讓理性先行，而非情緒主導。

這樣的語言，讓人感受到你的誠意，也看得出你的胸襟。在彼此意見不同時，尤其能看出一個人的語言修為。不是用聲音壓制對方，而是用態度提升自己。

語言，是你在別人心中的樣子

語言是一種無形的衣著，它會讓人決定怎麼對待你、是否信任你、能不能靠近你。你說出來的每一句話，會在對方的心中留下你是什麼樣的人。

當一個人說話帶著克制與分寸時，他的話更容易被信任。他不是每句都得理直氣壯，卻能讓人放心。即使面對批評，他也能用不攻擊的方式表達異議；即使需要拒絕，也能讓對方感受到尊重。

說話方式，是一個人修養的外顯。你可以從他對服務人員的語氣中，感受到他對權力的態度；可以從他面對失誤時的回應，看見他承擔責任的程度；也可以從他在群體中的說話位置，推斷出他的情商與界線感。

而這一切，都不是演出，而是日積月累的內在涵養所形成的語言節奏。

修養型語言，是讓人願意靠近的力量

當語言充滿壓迫感時，人會下意識防衛；當語言帶有聆聽與空間時，人會自然靠近。修養型語言的最大特點，就是讓人願意接近、不怕開口、也不必防備。

這種語言，有時是說得慢一點、輕一點；有時是不急著反駁、不立刻裁決；更多時候，是一種「不急著展現自己、但隨時準備好理解他人」的語言節奏。

你不必成為最會說話的人，但你可以成為「說話讓人舒服、也值得尊敬」的人。而這，正是語言真正的高度所在。

2. 溫柔不是軟弱，而是更高層次的力量

柔和語氣，是語言成熟度的展現

溫柔，常被誤認為是一種退讓、妥協，甚至無力。但在語言中，真正的溫柔不是把話說得軟爛，而是能在清楚傳達的同時，顧及對方的情緒承受力。這不只是態度，更是一種選擇 —— 選擇不讓語言變成壓力，反而成為一種關係的支撐。

你可以說「你做錯了」，也可以說「這件事或許有更好的處理方式，我們可以一起再看一次」。兩者在內容上幾乎一致，但在感受上卻天差地遠。前者是直白的指責，後者則是以溫和方式包裹具體訊息，讓人更願意接收與思考。

這正是語言溫度的意義 —— 它不是虛假的討好，也不是語意的模糊，而是讓對話在誠實與關照之間找到一種平衡的節奏。

語言溫度，創造心理安全的起點

心理學家艾米．埃德蒙森在其心理安全（Psychological Safety）理論中指出，一個團體中是否能坦誠溝通、提出質疑或認錯，往往取決於成員是否感受到彼此語言帶來的「安全感」。換句話說，不是你說了什麼，而是你「怎麼說」讓人敢不敢繼續說下去。

溫柔的語言，正是這種安全感的載體。它讓對方知道，這不是一場輸贏的比拚，而是一段可以試著理解彼此的對話。當人感受到被尊重與被接住，就會更願意揭露觀點、開展真實的交流。

來看一個簡單對比：

場景	冷硬語句	溫柔語句
回應部屬錯誤	「你怎麼會做成這樣？」	「這部分我們可能還可以再優化一點，我陪你一起調整看看。」
婚姻對話中表達需求	「你都沒在意我的感受。」	「有時我會有一點孤單，也許是我期待你能多說說最近的心情。」

這些語句的差異，不在於字面意義，而在於情緒的處理方式。溫柔，不是避開情緒，而是願意用對方能接受的方式，慢慢打開話題與理解空間。

包容力，是溫柔的底氣

真正的溫柔，從不是出自軟弱，而是來自一種深層的穩定感。只有當你不急著證明什麼、不怕失去什麼，也不需要掌控什麼時，才有餘裕用更寬容的語氣與他人相處。

當我們以為語言需要「強硬」才有力量時，其實是對語言真正功能的誤解。語言最大的力量，不在於震懾他人，而是讓人願意靠近、願意聽你說、甚至在說完之後還想回想你說過的話。

這樣的語言，有一種內建的節奏 —— 它不衝撞、不急迫、但卻非常明確。它不強迫對方接受，但總能讓對方願意思考。這就是溫柔的深層結構：有原則、有立場，也有空間與尊重。

一句溫柔的話，讓孩子願意重新打開自己

Jessica 是一位國中導師，某天下課後，她在辦公室外看到班上的學生 Evan 獨自坐在樓梯間，低著頭，一言不發。那天他在課堂上與同學起了爭執，甚至一度摔門離席。Jessica 走過去坐下，沒有立刻開口，只是靜靜陪著他坐了幾分鐘。

幾分鐘後，她才緩緩說：「我不急著知道發生什麼事，但如果你願意讓我知道，我會聽得很仔細。」這句話不像命令、也不急著追問，而是一種邀請，一種讓對方保有主動權的語言設計。

Evan 沉默了一會兒，然後開口說：「我只是覺得他們一直在嘲笑我講話的樣子，像是我不是這裡的人一樣。」那天的對話沒有立刻解決所有問題，但卻成為 Evan 願意開始表達自我的轉捩點。

Jessica 事後回想說：「有時候我說的話其實不多，但如果我讓對方覺得安全，就已經足夠讓他願意繼續說下去。」這就是溫柔語言的力量 —— 它不是修辭，而是讓對方重新感覺到自己被尊重、被看見。

不是要變得軟，而是要變得穩

在情緒激動的時候，用溫柔語言是一種自我節制；在爭論分歧時，用溫柔語言是一種對對話的信任；而在陌生人之間，用溫柔語言是一種社會連結的起點。

真正高層次的語言，不是能壓過多少人，而是能連結多少人。你用的每一個詞彙、你給出的每一個語氣空間，都在形塑一個更有溫度也更有張力的對話世界。

修養型的語言，不是要讓我們變得軟弱，而是讓我們在堅定與理解之間，找到一種穩定而強大的語言力量。這樣的說話方式，不只讓人舒服，更讓人感到安心與尊重。

3. 說話，也可以是創造意義的方式

不只是表達，而是建構

人們常說：「說出口的話會傷人」，但話語的影響遠不止於傷害。語言也是一種建構 —— 我們透過說話來命名世界、界定價值、形塑觀點，甚至重新定義自我。你怎麼說一件事，往往比你說了什麼更能改變對方的理解方式。

語言不是中性的，它是思維的形狀，是文化的回音。我們在對話中選擇的每個詞彙，不只是溝通的工具，也是在勾勒我們如何看待世界。例如，「那孩子很有主見」與「那孩子很固執」，傳遞的是同一個行為描述，但隱含的價值判斷截然不同。語言在此不只是傳遞訊息，而是在創造意義、構築立場。

這也解釋了為什麼同一件社會事件，在不同社群中會出現截然不同的說法與詮釋。因為人們不只是在討論事實，更是在爭奪「語言定義權」—— 誰能先命名、誰就先框定了理解的路徑。

語言如何建構信念與立場

在心理學中，有個現象叫「語意框架效應」(framing effect)，意指同樣的資訊，因為表述方式不同，會讓人做出不同反應。例如，在一份關於醫療手術的說明中，「這個手術成功率為90%」與「這個手術失敗率為10%」，雖然邏輯相同，卻會導致病患完全不同的感受與決策傾向。

這不是技巧問題，而是語言如何調動情緒、影響判斷的證據。當你說「失敗率」，人們會進入防衛與風險預期的心理區間；當你說「成功率」，則會激發希望與信任的情感基調。語言在這裡不是被動的「描述事實」，而是主動地「選擇意義」。

在教育、政治與社會倡議等場合，語言更是一種意義建構的工程。馬丁·路德·金恩（Martin Luther King Jr.）在〈我有一個夢〉的演說中，反覆使用「I have a dream」這個句型，這不是單純表述願景，而是透過語言召喚一種集體想像，使抽象的平等理想具象化為可被渴望與共鳴的未來圖像。

這種語言不只是美麗，更具有實踐力。因為人們會朝著他們所能想像的世界前進，而語言，正是讓世界被想像的方式。

日常語言，也能創造深刻意義

有些人會以為「創造意義的語言」只有在演講、寫作或領導談話中才需要，但其實，最能影響人心的語言，往往來自日常的微小時刻。

想像以下兩種職場對話場景：

- 「這案子交給你，做完再跟我報告。」

「我覺得你過去的處理方式很有條理，這個案子交給你應該可以有不錯的方向，我期待你的思考。」

兩者雖然都在交辦任務，但第二種說法不只傳達了工作內容，也傳遞了一種信任、一種評價、一種合作的想像。這不是情緒勉勵，而是語言將任務賦予了某種意義 —— 讓對方在執行中同時看見自己被看重的位置。

在人際關係中亦然。一句「我懂你」或許溫暖，但若能多加一層語言設計，例如「我知道你不是沒努力，而是這段過程太少人能理解」，那就是從語言進入對方內心敘事的深層參與。這樣的語言，不只是安慰，而是一種與對方共同重建自我敘述的過程。

說話，不只是傳達訊息，而是在對方的生命中留下語言的痕跡。

意義語言的三個設計原則

為了讓語言真正具有「意義建構」的力量，你不必成為詩人或演說家，但可以從以下三個原則開始練習：

1. 避免只說結果，多說過程與價值

例如與孩子對話時，不只是說「你考 100 分真棒」，而是說「你這次多花的努力我看見了，這份分數背後的付出更讓我

欣賞」。這讓語言不只表彰成績，也形塑價值。

2. 用具象語言替抽象概念落實

與其說「我們要更有責任感」，不如說「我們要在約定時間前 15 分鐘到場，並且先確認設備狀況」，讓語言變得可行、可感、可實踐。

3. 在語言中加入關係的定位語

如「我們這段時間的努力，讓我更相信我們這組合可以創造出些什麼」，這樣的語言不只是述職，而是在強化團體認同與關係信念。

這三種語言設計方式，其實就是把抽象的理念轉換為具象的語言回路。當你說出這樣的話，你不只是發表意見，而是在塑造一段關係的語言文化。

每一句話，都是形塑世界的工具

語言既能拆毀，也能建造。它可以讓人灰心，也可以讓人振奮；可以讓人退縮，也可以讓人重新相信自己在這個世界的定位。

你每天說的每一句話，不只是過耳即忘的聲音，而是對這個世界形狀的一種參與。你用怎樣的詞彙與語氣去形容他人、描述自己、談論未來——都在悄悄定義你的價值觀與世界觀。

說話，是在命名世界。而一個懂得如何使用語言的人，便能在說話的當下，參與這個世界的再建構。

4. 語言是內在風景的映照

說話方式，藏著一個人的心境

有些人一開口，你便覺得舒服、願意靠近；也有些人，話語還沒結束，你便只想後退、關門。語言的力量，往往不只來自內容，而是來自語氣中那股無形的節奏與氣質。那不是技巧能偽裝的，而是內在風景的自然流露。

一個人的說話方式，不只是思考的呈現，更是情緒修為、美感經驗與哲思習慣的外顯。言語是心靈的出口，也是一種行走於世界的聲音儀態。你說得如何，說得多麼有節奏、多麼有分寸，其實都回映著你如何與自己相處、與世界交往。

語言，不只是讓人懂你，更是讓人感受你。

簡練，是一種深度的體現

許多人在說話時，會不自覺地用太多話來解釋，生怕對方沒聽懂。但其實，越清晰的想法，往往越能用越少的字表達。簡練不是冷漠，而是一種經過思考與內化後的語言濃縮。它讓人感受到你的清明，也感受到你對他人的尊重 —— 因為你不浪費對方的注意力。

你可以想像，下面兩種說法哪個更有力量？

- 「我其實也不是說你不對啦，我只是想表達我可能有一點點想法不同，你先不要生氣喔，我也沒有惡意，我只是想說……」
- 「我尊重你的看法，但我也有另一種觀點，希望我們可以討論看看。」

後者用更少的字，卻讓人更感受到誠意與分寸。那不是冷，而是簡練帶來的清晰。簡練的語言，就像經過雕琢的石頭，不是粗糙的敘述，而是對關鍵的珍視。

簡練，其實也是一種情緒控制 —— 當你越能簡單明確地說出一件事，表示你越能掌握自己情緒的節奏，而不是讓語言被情緒帶著走。

美感語言的日常練習

語言的美，不只是詩句中的華麗詞藻，更存在於日常中的語氣轉折、用詞選擇與停頓節奏之間。所謂語感，不只是文筆的流暢，更是一種「說話有呼吸」的美感節奏。要養成這樣的語言質地，不需要背誦詩詞，而需要培養幾種語言習慣：

1. 留白的勇氣

說話不一定要填滿每個空白，有時候適當停頓，能讓對話有思考空間，也讓情緒有餘韻。沉默不是尷尬，而是一種對話中的音樂感。

2. 詞彙的選擇

避免過度使用情緒過強的詞彙，如「一定」、「根本」、「你總是」。改用「我觀察到……」、「也許我們可以……，能讓語氣更溫潤，也保有開放性。

3. 轉折語的安排

句子中加入適當語氣轉折，如「我理解你的出發點，不過我也想分享另一種角度」，能化解衝突，也讓話語有層次、有流動。

這些語言習慣不是裝飾，而是情感與思維成熟後的自然產物。當你能掌握語言的節奏與質地，你不只是能說話，而是能讓語言「美得有分寸」。

語言與哲思的交會點

語言也是一種思考的方式。你用什麼句子思考，就容易養成什麼樣的思維路徑。當我們習慣使用簡化句型，就可能傾向非黑即白的思維；反之，若能用包含轉折、條件與可能性的語言，我們的思考也會更有彈性。

哲學家路德維希·維根斯坦（Ludwig Wittgenstein）曾說：「語言的界限，就是世界的界限。」他意指我們能想像與理解的世界，其實取決於我們能使用的語言系統。這也意味著，當我們擴展語言的層次，就擴展了自己面對世界的方式。

當你開始問：「還有沒有其他可能？」、「如果我換個角度說，會不會不一樣？」這些語言練習，其實就是哲思的萌芽。語言，是你思考世界的方法，也是你接近世界的通道。

說話不是交差，而是探索與建構。當你用語言去思索關係、理解他人、形容感受，你不只是說了幾句話，而是透過語言為這個世界賦予新的結構與感受力。

內在修養的體現

終究，我們的語言會透露我們的自我狀態。情緒穩定與否、思考深淺與否、是否尊重他人、是否了解自己，這些都藏在你怎麼說話裡。

你怎麼措辭，你怎麼應對對方的情緒，你能不能聽出話外之音、說出讓人安心的話，這些細節構成了你這個人在人際互動中的「溫度感」與「可信度」。而這樣的語言修養，從來不是訓練來的口才，而是你與自己對話的方式所累積出來的。

語言，是你內在修為最不需要包裝的證據。你說的話，就是你心中的風景。說得平和，是因為你心中有安定；說得有節奏，是因為你思緒有秩序；說得讓人舒服，是因為你自己早已懂得如何與情緒共處。

5. 安靜的說話者，如何讓語言更有力

不多話的人，不代表沒有話說

我們習慣將「會說話」與「能言善道」畫上等號，彷彿話說得多、氣勢強、反應快，就等於語言有力量。然而，現實生活中最讓人印象深刻的說話者，往往不是那些言語奔湧的人，而是那些「說得剛剛好」的人。

他們或許話不多，卻每句話都有分量；他們不搶話，不搶鋒頭，卻在關鍵時刻，用一句話定錨情緒、引導方向、化解張力。他們說話的方式，不是風暴，而是重力 —— 安靜但沉穩，

節制卻深入。他們的語言不在音量，而在音色；不靠速度，而靠節奏。

這些安靜的說話者，展現了語言的另一種極致：不是喧鬧的表現，而是內斂的精準；不是華麗的辭藻，而是真誠與覺察的語感。

語言的力量，來自「說得剛好」

修養型語言的本質，不在於你說了多少，而在於你是否能「說出該說的」，又能「不說那些多餘的」。這正是語言中的「留白智慧」。它源自幾個關鍵原則：

1. 不填滿每一秒

沉默不是對話的空缺，而是讓對話成形的容器。適時的停頓，能讓對方消化語意，也讓情緒有回旋空間。

2. 說話留餘地

成熟的語言不求一次定論，而是預留對話的餘溫。與其說「你這樣就是錯的」，不如說「也許可以換個方式再想想」。

3. 簡潔但不簡化

簡潔是去蕪存菁，不是敷衍略過。當你能把複雜的事用簡單的話講清楚，代表你真正理解，也真正尊重聽者的理解節奏。

這些語言特質，都是安靜說話者的日常實踐。他們以節制換來清晰，以慢語交換深度，這是一種看似無聲，卻極具影響力的語言樣貌。

安靜，是語言與心的協調

我們為何害怕安靜？許多時候，是因為我們將「說話」視為掌控局面的方式，彷彿只要不說話，就失去了主導權。這種慣性讓許多人在不必要的時候多話、急話、錯話。

而安靜的說話者，與這樣的心理拉扯保持距離。他們明白，真正的溝通不在於填滿，而在於對準。他們知道，情緒不是靠話語壓過對方，而是靠節奏調和氣氛。他們理解，安靜不是退讓，而是自信 —— 因為不需證明，所以不需喧鬧。

這種語言的自律，背後是一種心理的穩定。你只有在內心平靜、界線清晰時，才能做到在該說時說、不該說時靜，這是一種語言與情緒的協奏關係。

說得準、說得深、說得暖

想讓語言更有力，不是增加語速、堆疊詞彙，而是練習說得準、說得深、說得暖。這三種層次，對應著不同的人際能力與語言修養：

- **說得準**：意味著你知道自己要說什麼，並清楚說出來。這是一種思考的清晰。
- **說得深**：表示你能言之有物，觸及議題本質與情感深層。這是一種內涵的展現。
- **說得暖**：則是你說的話不刺人、不炫技，而是讓人想靠近。這是一種人際的溫度感。

具備這三種能力的人，不一定話多，但一定話有感。他們的語言有邏輯、有情緒、有餘地，是一種成熟又有溫度的聲音。

高段的語言不只是說，而是修

語言的最後一哩路，不再是技巧的精進，而是心性的涵養。說話，是一種日常的修行 —— 你在說話的同時，其實也在練習與人共處、與己對話。每一場對話，都是你對這個世界的參與方式，也是你向他人展現自我風景的方式。

正如同安靜的說話者，他們不爭、也不搶，他們選擇讓語言自然發聲。當話語裡不帶焦躁、不夾雜自我誇示，說出來的話反而更容易進入人心。這樣的語言，不急不躁，但有穿透力；不強勢逼人，但能留下回音。

他們以沉穩換來可信度，以安靜交換信任。他們的語言，就像一封寫得恰到好處的信，不多字，卻句句到心裡。

6. 讓語言成為日常修養的一部分

語言，是可以練的。但這裡的「練」，不是背誦話術，也不是模仿辭令，而是一種內在節奏與外在語感的雙重覺察。當你說話時，是否能感受到語氣的重量、字句的張力與停頓的力量？這些，都不是靠臨場反應，而是來自平時日積月累的語言修養。

語言修養的本質，是一種日常的覺知。你怎麼說，反映你怎麼想，也映照你如何與自己相處。這不是一次大練兵，而是一次又一次的微調與察覺。以下是一週語言修養練習計畫，每日一題，每題都不難，但每題都會讓你對自己的語言方式多一分理解。

日期	練習主題	問自己的一句話
星期一	【語氣觀察】今天我說話時，有讓對方退縮還是靠近？	「我剛剛的語氣，是不是比內容更有影響力？」
星期二	【停頓練習】今天有哪一句話，其實可以先不說？	「這句話非說不可嗎？還是可以晚點說？」
星期三	【轉折設計】今天我有試著在對話中加入轉折語嗎？	「我是否用了『我理解你的意思，不過……』這類話？」
星期四	【語言精簡】今天我說過一句可以更簡練的話嗎？	「我能用更短的方式說出同樣的意思嗎？」

日期	練習主題	問自己的一句話
星期五	【關係定位】今天我說的話，是否幫助對方看見我們的關係？	「我有說出『我們一起……』這類句型嗎？」
星期六	【聆聽比例】今天我說話與聽話的比例大約是多少？	「今天我聽得比說得多嗎？」
星期日	【總結反思】這週我在哪一刻，用語言讓人感受到尊重？	「有沒有一刻，我說的話讓對方安心了？

這些練習不是標準答案，而是一次次讓你停下來的提醒。每當你願意多問一句，語言就少一分衝動，多一分分寸；少一分表演，多一分誠意。

修養型語言不靠技巧，而靠選擇

最後請記得，語言的成熟不來自技巧的堆疊，而是你一次又一次選擇「怎麼說」的方式。當你願意為對話保留空間、為關係設計語氣、為自己練習沉默，那些話語本身就已經帶著一種安定的力量。

你說的話，是你自己心境的映照。當你開始練習這些語言節奏，你也正在練習一種更成熟的自己 —— 說話讓人靠近，也讓人尊敬。

電子書購買

爽讀 APP

國家圖書館出版品預行編目資料

別急著說出口！言語的力量比你想像得更強大：辨識情緒 × 解構語言 × 重建關係……別再被情緒牽著說話，一句話，就可能悄悄改變你的人生軌跡 / 季霓 著 . -- 第一版 . -- 臺北市：財經錢線文化事業有限公司 , 2025.05

面；　公分

POD 版

ISBN 978-626-408-268-6(平裝)

1.CST: 傳播心理學 2.CST: 溝通技巧 3.CST: 說話藝術

177.1　　　　　114005375

別急著說出口！言語的力量比你想像得更強大：辨識情緒 × 解構語言 × 重建關係……別再被情緒牽著說話，一句話，就可能悄悄改變你的人生軌跡

臉書

作　　者：季霓
發 行 人：黃振庭
出 版 者：財經錢線文化事業有限公司
發 行 者：崧燁文化事業有限公司
E-mail：sonbookservice@gmail.com
粉 絲 頁：https://www.facebook.com/sonbookss/
網　　址：https://sonbook.net/
地　　址：台北市中正區重慶南路一段 61 號 8 樓
8F., No.61, Sec. 1, Chongqing S. Rd., Zhongzheng Dist., Taipei City 100, Taiwan
電　　話：(02) 2370-3310　　　　傳　　真：(02) 2388-1990
印　　刷：京峯數位服務有限公司
律師顧問：廣華律師事務所 張珮琦律師

版權聲明

本書作者使用 AI 協作，若有其他相關權利及授權需求請與本公司聯繫。

未經書面許可，不可複製、發行。

定　　價：299 元
發行日期：2025 年 05 月第一版
◎本書以 POD 印製